경계에 선 노동

포스텍
융합문명연구원
문명과 담론
총서01

디지털 자본주의와 새로운 노동권의 모색

경계에 선 노동

김철식

파이돈

차례

서론: 디지털 시대, 새로운 노동권의 정립은 왜 필요한가   6

1장 — 기술과 노동의 역사   17

산업혁명과 근대적 노동양식의 발전   18
대량생산 시대의 개막   25
정보화와 유연한 생산방식의 등장   31
디지털 기술은 노동을 어떻게 변화시킬까?   36

2장 — 현대 자본주의 발전과 임금 중심 사회의 형성   37

노동이란 무엇인가?   37
아담의 저주에서 신이 내린 소명으로: 노동 개념의 역사적 변천   40
사회적 노동과 개인적 활동의 분리   44
자본주의와 임금노동 관계   46
노동권을 둘러싼 노동-자본 간 투쟁과 임금 중심 사회의 형성   51

3장 — 디지털 기술과 자본주의   58

디지털화, 모든 것을 데이터로 만들 수 있다   59
초연결성, 자원을 상호연결하여 새로운 기회와 사업 창출   61
플랫폼, 초연결성을 구현하고 데이터를 수집하는 장   62
디지털 기술과 자본주의   63

디지털 기술과 제조업: 자동차산업 사례   67

디지털 기술과 서비스업: 소매업 프랜차이즈 사례   80

디지털 시대의 새로운 사업 모델: 플랫폼   86

4장 — 노동의 탈경계화   93

디지털 기술은 일자리를 빼앗을까?   94

디지털 기술과 일자리의 성격   96

노동 시공간의 탈경계화   100

고용과 비고용의 탈경계화   102

디지털 시대의 노동 통제: 경쟁의 가시화와 통제의 비가시화   107

디지털 시대의 유령 노동   109

노동자 정체성의 약화   112

5장 — 경계를 넘어서 : 디지털 시대, 노동의 전망   116

기술은 주어진 것이 아니다: 기술에 대한 사회적 통제   117

이윤이 주도하는 기술 진보를 넘어서   121

탈노동 사회?   123

자본주의 임금 중심 사회의 위기   127

노동권 개념의 확장을 위하여   130

참고문헌   133

디지털 시대,
새로운 노동권의 정립은 왜 필요한가

인공지능과 빅데이터 등으로 상징되는 급격한 기술 발전
이 경제와 사회, 인간의 삶과 노동에 점점 더 중요한 영향력
을 행사하고 있다. '4차 산업혁명'이라는 용어의 등장은 이
와 같은 디지털 기술이 초래하는 급격한 사회변화를 대중적
으로 확산한 하나의 계기가 되었다. 2016년 벽두 세계경제
포럼에서 클라우스 슈밥Klaus Schwab이 사용한 이 용어는 정보
통신기술ICT을 중심으로 하는 오늘날의 급격한 기술 변화와
그로 인해 나타나는 새로운 사회의 모습을 표상했다. 지금의
변화가 기존 사회와 근본적으로 구분되는 '혁명'적 변화라
고 할 수 있는지 논란이 많지만, 적어도 오늘날의 급격한 기

술 변화가 사회와 인간의 삶에 큰 영향력을 행사하고 있다는 점은 부인할 수 없다.

4차 산업혁명에 대한 많은 담론은 기술의 발전을 당연시한다. 기술은 발전해야 하고 발전할 것이며, 이는 되돌릴 수 없는 현상이다. 따라서 우리가 해야 할 일은 주어진 기술에 인간과 사회가 어떻게 잘 적응해야 하는지 고민하는 것이다. 이런 맥락에서 디지털 기술에 근거한 새로운 혁신적 사업을 발 빠르게 선점해나가야 한다는 요구가 정부와 경영계 등을 중심으로 제기된다. 또한, 공유경제, 플랫폼 경제 등 디지털 시대의 대표적인 혁신 경제라고 할 수 있는 영역에서 관련 산업이 번창하여 경쟁력을 획득할 수 있게 제도적인 뒷받침이 필요하다고 한다. 기업인들이 혁신에 나설 수 있도록 더 많은 자유를 부여하고, 혁신 산업의 성장을 가로막는 각종 규제, 특히 노동력 사용과 관련된 규제가 해소되어야 한다는 주장도 제기된다. 디지털 시대를 선도하기 위해, 혹은 이로부터 뒤처지지 않기 위해 전 사회가 합심하여 노력해야 한다는 것이다.

'기술입국론'으로 지칭할 수 있는 이와 같은 시각은 기술 그 자체를 문제시하지 않는다. '어떤' 기술을 선택하고 '어떻게' '어떤 방향으로' 기술을 활용하고 적용해야 하는지 질문하지 않는다. 기술의 진보에 대한 의문은 그 자체로 시대에 뒤떨어진 퇴행적 반응으로 치부되기도 한다. 우리는 "기술의 발전에 대한 의심이나 저항을 쉽게 용납하지 않는" 사회에 살고 있다(손화철, 2017: 31).

반면, 필자는 이 책에서 기술 그 자체를 문제시하고자 한다. 기술을 단지 주어진 것으로 간주하거나 인간이 기술에 적응해야만 한다는 사고를 넘어서 기술 발전의 혜택을 사람들이 공유할 수 있도록 기술을 재구성하는 방법은 무엇일까를 고민하고자 한다. 이는 곧 친사회적, 친인간적 방식으로 기술을 구성하는 것은 어떻게 가능할지 모색하는 일이기도 하다.

기술을 재구성하는 것은 기술의 잠재력을 활용해서 사회를 재구성하는 것과 연결된다. 디지털 기술이 발전하고 있고, 그것이 급격한 사회변화를 가져올 것이라는 점은 부인할 수 없다. 그렇다면 디지털화가 가져다주는 기술의 가능성을 고려하면서 우리는 어떤 사회를 만들어 갈 것인가에 대해서도 진지하게 논의할 필요가 있다.

이 책에서는 새로운 기술의 변화가 노동에 미치는 영향에 초점을 맞춘다. 디지털화로 대표되는 현재의 급격한 기술 변화가 노동, 즉 사람들의 일하는 모습에 어떤 영향을 미칠까? 향후 조망 가능한 노동의 미래는 어떤 모습이고 이를 위해 기술을 어떻게 사회적으로 재구성해야 하는가? 이 책은 바로 이와 같은 질문을 던진다.

작금의 급격한 기술 변화는 사람들이 일하는 모습, 즉 노동에 큰 변화를 가져올 것이다. 특히 제조업의 경우 업무 양상의 급격한 변화를 예상하는 것은 어렵지 않다. 포드주의 대량생산 방식을 주도하면서 '20세기 자본주의의 꽃'으로 불렸던 자동차산업을 예로 들어보자. 자동차산업에서 최근 등장하는 새로운 기술은 크게 네 가지 변화를 포함하고 있다. 친환경, 자율주행, 초연결, 차량공유가 그것인데, 각각의 요소는 독립적이라기보다 상호 연관되어 발전하고 있다. 이러한 기술 변화가 본격화되면 산업의 내용 자체가 매우 달라질 수 있다. 자동차가 더는 기계장치가 아니라 전자기기이자 각종 소프트웨어와 IT 기술의 결합체가 될 수 있고, 이를 구현하기 위해 다양한 영역과 업종을 포괄하는 이른바 '융복합'의 결정체가 될 수도 있다. 이런 상황이 진전된다면, 지금까지 물리적 기계제품의 생산을 중심으로 이해되었던 노동의 내용과 형식은 매우 달라질 수 있다.

한편 서비스업에서도 현격한 변화가 나타나고 있다. 예를 들어 최근 정보통신기술이 발전하면서 카카오택시, 에어비엔비, 배달의 민족 등 기존에 볼 수 없었던 새로운 사업형태가 등장해 서비스의 수요자인 고객과 공급자인 개인이 플랫폼을 통해 직접 연결된다. 플랫폼을 제공하는 업체는 서비스 수요자와 공급자 간의 중개 기능만을 제공한다. 서비스를 제공하는 사람은 더는 기업에 고용된 노동자가 아니다. 고용이라는 틀이 생략된 채, 기업이나 조직에 고용되지 않은 상태로 노동을 수행한다.

자본주의 사회에서 노동은 고용과 긴밀히 결합되어 왔다. 노동자란 자신의 노동력을 상품으로 판매하여 노동을 제공하고 그 대가로 임금을 받는 사람, 즉 '임금'노동자로 이해되었다. 고용된 노동자와 이들을 고용한 사용자 간의 관계인 '노사관계'는 경제와 사회에 중요한 쟁점을 양산했다. 노동은 고용과 동일시되었고, 노동을 규율하고 보호하는 제반 제도들은 고용을 전제로 발전해 왔다.

그러나 오늘날 이러한 틀에 큰 변화가 나타나고 있다. 고용형태가 다양화되면서 조직의 정규직과 구분되는 비정규직이 등장해 확산되었고, 비정규직 중에서도 일하는 조직에 직접 고용되지 않은, 즉 특정 조직의 고유 업무를 수행하지만, 실제 고용된 조직은 이와는 다른 간접고용 비정규직이 확산되었다. 사내하청, 용역, 파견노동 등이 이에 해당하는데, 여기에서는 노동자들이 어디에 고용되어 일하는 것인지, 다시 말해 진짜 사장이 누구인지 계속 논란이 되고 있다. 고용관계 자체가 상당히 모호해진 것이다. 이러한 현상은 이른바 '특수고용'에서 보다 심화된다. 학습지 교사, 골프장 캐디, 음식배달원, 택배기사 등 오늘날 특수고용의 사례는 무수히 많은데, 이러한 범주에서 노동을 제공하는 사람은 특정 조직에 고용되어 임금을 받는 임금노동자가 아니라 각 개인이 하나의 사업자로 인식되는, 고용의 형식을 생략한 노동양식을 보여주고 있다.

이렇게 기존 노동에서 고용이라는 틀이 모호해지는 양상이 뚜렷해지는가 하면, 그 반대편에서는 전혀 노동으로 인식되지 않았던 사람들의 업무가 고용에 근거한 노동, 즉 임금노동과 근접해지는 양상도 나타나고 있다. '갑을관계'의 대표적인 사례로 언급되는 프랜차이즈 가맹 거래사업을 대표적인 사례로 들 수 있다. 음식숙박업, 도소매업 등을 중심으로 오늘날 프랜차이즈 사업이 급속히 성장하면서 가맹본부와의 관계에서 '을'이 될 수밖에 없는 가맹점주의 취약한 존재 조건이 사회적 이슈로 제기되었다. 을의 지위에 있는 가맹점주를 사업상의 자율성을 지닌 독립된 사업자로 보기는 어렵다. 자기사업을 하는 자영업자이지만 가맹본부의 지휘와 통제를 받는다는 점에서 기업에 종속된 임금노동자와 유사한 점도 많다.

이렇게 기존 고용관계의 틀이 약화됨과 동시에 다른 한편에서 고용과 무관했던 영역이 고용과 근접해지는 양상도 나타나면서 노동의 경계가 모호해지고 있다. 즉 디지털 시대의 급속한 발전은 기업에 고용된 노동자와 사용자 간의 고용의 틀을 변화시켜 '노동=고용'의 도식을 흔들고 있는 것이다. 이는 기존의 고용에 근거한 제도들이 새로운 도전에 직면해 있으며, 따라서 디지털 시대의 노동권에 대한 새로운 구상이 필요함을 의미한다. 기술 변화에 따른 노동의 미래를 논하는 것은 디지털 시대 노동의 모습과 새로운 노동권 정립의 필요성에 대한 문제제기에 다름 아니다. 이는 기술을 어떻게 인간의 행복을 위해 사용할 수 있을지에 대한, 이른바 '기술의 사회적 구성'에 관한 사회적 논의를 촉발할 수 있을 것이다.

기술의 변화가 인간과 사회의 다양한 영역에서 변화를 만들어내고 있는 지금, '왜 하필 노동에 초점을 맞추는가?'라는 물음을 제기해볼 수 있다. 이는 무엇보다도 노동이 우리 삶에 있어서 필수적 요소이기 때문이다. 현대 자본주의 사회에서 사람들이 생활하기 위해서는 돈을 벌어야 한다. 부동산이나 주식에 투자해서 돈을 벌 수도 있지만, 기본적으로 먹고살기 위한 돈을 벌기 위해서는 취업을 하거나 사업을 해야 한다. 취업해서 기업이나 기관을 위해 일하면서 월급을 받아 생활하거나, 있는 돈 없는 돈 끌어모아 가게를 차려 자신이 직접 일하거나 사람을 고용해 운영해 나가야 한다. 이런 면에서 노동은 오늘날 누구나 생존을 위해 반드시 수행해야 하는 중요한 부분이며 하루의 삶에서 가장 많은 시간 비중을 차지한다. 이처럼 인간의 생존에 필수적인 것이 노동이기 때문에 오늘날의 기술 변화가 실제 인간의 노동에 어떤 영향을 미치는지 확인하는 일은 매우 중요하다.

아울러 이 책에서는 노동하는 사람들의 권리인 노동권에 초점을 맞춰 디지털 시대의 새로운 노동권 정립을 탐색한다.

역사적으로 노동권은 그것을 획득하려는 노동과 그것을 축소하거나 아예 회피하려 하는 자본 간의 첨예한 투쟁이 전개된 영역이다. 노동권을 둘러싼 투쟁 속에서 20세기 들어 노자 간 타협에 근거해 임금노동을 중심으로 사회적 권리를 부여하는 임금 중심 사회가 형성되었다. 그런데 디지털 시대에 들어 그것이 위기에 봉착했다. 이는 기존에 확립됐던 노동권이 디지털 시대에 맞지 않을 수 있음을 함의한다. 따라서 이 책에서는 디지털화가 오늘날 노동권에 어떤 과제를 제기하는지를 검토한다.

이 책에서는 자본주의라는 분석의 틀을 적용한다. 기술은 그 자체로 중립적이지 않으며 기술 자체만의 논리로 작동하지 않는다. 현대사회에서 기술은 자본주의라는 중요한 맥락에서 작동한다. 자본주의 사회에서 기술은 이윤의 논리에 종속된다. 디지털 기술 또한 자본주의의 동학 속에서 적용되고 활용된다. 디지털화라는 새로운 기술 발전이 자본축적, 이윤의 요구와 결합하면서 이른바 '디지털 자본주의'가 효력을 발휘하고 있다. 이 책에서는 자본주의 논리 속에서 디지털 기술이 어떻게 적용되고, 그에 따라 산업에 어떤 변화를 가져오며, 노동과 노동권에 어떤 효과를 낳는지를 분석한다.

이 책의 구성은 다음과 같다. 먼저, 1장에서는 기술과 노동의 역사를 다룬다. 현대사회 들어 몇 차례의 산업혁명으로 지칭되는 새로운 기술 변화가 일어났다. 새로운 기술은 산업의 생산방식과 사람들의 노동, 나아가 일상적인 삶의 모습을 변화시켜 왔다. 1장에서는 현대사회에서 나타난, 산업혁명으로까지 지칭되기도 하는 새로운 기술과 그에 따른 노동의 변화를 역사적으로 분석한다.

2장에서는 현대사회의 주요 노동형태인 임금노동의 특징을 검토한다. 노동의 의미에 대한 역사적 변화와 현대사회에 나타난 노동과 일상생활의 분리 현상, 그리고 현대 자본주의의 기본적 특징과 그로부터 도출되는 임금노동 관계를 살펴본다. 아울러 역사적으로 자본주의가 전개되면서 노동과 자본 간의 타협으로 형성된 임금 중심 사회라는 20세기 자본주의 사회를 규정하는 제도적 틀이 무엇인지도 고찰한다.

3장에서는 디지털 기술이 무엇이며 그에 따라 산업세계가 어떻게 변화하고 있는지를 살펴본다. 여기에서 핵심 키워드는 자본주의다. 디지털 기술이 자본주의와 결합하여 이윤 주도의 기술 진보를 만들어내면서 제조업(자동차산업 사례), 서비스업(소매업 프랜차이즈), 그리고 디지털 시대에 새롭게 등장하는 사업모델(플랫폼)에서 어떤 변화가 나타나는지를 검토한다.

4장에서는 디지털 자본주의가 낳은 노동의 변화를 다룬다. 디지털 기술이 일자리에 미치는 영향에 대한 기존 논의들을 검토한 후 실제로 오늘날 진행되는 노동의 변화를 살핀다. 오늘날 다양한 고용형태가 등장하고 수많은 불안정한 노동형태들이 등장하고 있지만, 그러한 변화들이 제각각으로 진행되는 것은 아니다. 오늘날 다양한 양상으로 드러나는 노동의 변화는 일정한 경향성을 지니는바 이 책에서는 그것을 '노동의 탈경계화'로 개념화한다.

마지막 5장에서는 노동권의 후퇴를 극복할 수 있는 단초를 모색한다. 기술을 주어진 것으로 받아들이지 않고 사회구성론의 관점에서 기술에 대한 사회적 통제를 구축할 필요성을 제기한다. 나아가 자본주의 사회를 넘어서는 미래사회 담론으로서 탈노동 사회 담론을 비판적으로 검토하여, 임금 중심 사회의 위기라는 관점에서 노동하는 모든 사람을 포괄할 수 있는 노동권의 확대와 새로운 노동권의 구성을 제안한다.

1장

기술과 노동의 역사

인류 역사 이래 기술은 발전을 거듭해 왔으며 그에 따라 사람들의 사는 모습과 노동양식은 큰 변화를 겪어 왔다. 일찍이 농업의 발명, 농경기술의 발전은 문자의 발명과 함께 인류 문명을 발생시켰고, 수렵과 채집에 의존하던 인간의 삶과 노동방식을 혁명적으로 바꾸었다(농업혁명). 현대사회의 새로운 기술 발전은 다시금 농경사회에 혁명적 변화를 가져왔고 몇 차례의 산업혁명으로 지칭되는 새로운 기술 변화가 일어났다. 18~19세기에 발생한 산업혁명을 '1차 산업혁명'이라고 한다면, 20세기 초 내연기관의 발명을 중심으로 발생한 산업의 변화를 '2차 산업혁명'으로 지칭하기도 한다. 1차

산업혁명 이후 농경사회, 전^前 자본주의 사회가 무너지고 산업사회(공업사회), 자본주의 사회가 발전했다면, 2차 산업혁명 시기에는 자본주의 생산 혁명이라고 지칭할 수 있을 정도의 엄청난 생산방식의 변화가 나타났다. 1970년대 이후 컴퓨터 기술이 발전하면서 정보화를 특징으로 하는 '3차 산업혁명' 담론이 등장했으며, 최근에는 인공지능과 빅데이터 등으로 대표되는 '4차 산업혁명'이 널리 회자된다. 1장에서는 이상과 같은 현대사회의 산업혁명이라고 지칭되는 새로운 기술 변화에 따라 노동이 그리고 사람들의 삶이 어떻게 변화했는지, 기술과 노동의 관계에 대한 역사적 과정을 살펴본다.

산업혁명과 근대적 노동양식의 발전

18~19세기 산업혁명의 발생은 현대사회의 생활과 노동을 현격하게 변화시켰다. 농업을 주된 산업으로 생활하던 농경사회에서 산업혁명은 생산을 기계화하고 인간과 자연의 에너지를 기계적인 에너지로 전환시킴으로써 획기적인 생

산성 혁신을 가져왔다. 기계를 활용한 공장 생산이 기존의 농업 생산을 대체하면서 농업 중심 사회에서 자본주의적 질서 하의 산업화한 사회로 진입하게 되었다. 기근과 기아, 그리고 농민들을 토지로부터 몰아내는 엔클로저 운동enclosure movement 등으로 농촌에서 밀려난 농민들이 새로운 기계로 무장한 도시 공장 지역으로 몰려들었고, 그 결과 농업을 중심으로 영위되던 사람들의 삶과 노동은 도시 노동자들의 삶과 노동으로 변화했다. 농촌에서 자영농과 소작농, 토지를 지닌 귀족과 지주 등을 중심으로 형성되던 사회적 관계가 줄어들고, 자본을 투자하여 공장과 기계를 짓고 노동력을 고용하는 자본가(사용자)와, 취업해서 임금을 받고 사용자의 지시하에 공장에서 일을 하는 노동자 간의 관계, 즉 임금노동 관계가 주요한 사회적 관계로 자리 잡았다.

기존의 전근대적 가내공업이 몰락한 자리에는 사람들이 모여 집합적으로 작업을 수행하는 공장이 들어섰다.[1] 현대

---

1. 오늘날 공장의 시초는 선대제로 거슬러 올라간다. 선대제는 상인자본이 원료와 작업 도구를 제공하고 가내 노동자들이 각자 자신의 집에서 생산활동을 전개하는 형태이다. 선대제에 이어 매뉴팩처 단계에 이르면 별도의 작업장을 설치하고 이곳에 노동자들을 모아 생산활동을 수행하는 형태로 발전하게 된다. 선대제에 비해 매뉴팩처 단계에서는 사람들을 모아놓기만 해도 엄청난 생산성 향상이 발생했다. 또한 매뉴팩처 단계에서 분업이 도입되면서 생산성은 다시 비약적으로 발전한다.

경제학의 아버지로 불리는 애덤 스미스^{Adam Smith}는 그의 저
서『국부론』에서 노동자들이 모인 작업장에 분업이 도입되
면서 나타나는 생산성 향상을 극찬하고 있다(Smith, 1776).

> 나는 이런 종류의 작은 제조소를 본 적이 있는데, 거기서는 10명밖에
> 고용하고 있지 않았고, 따라서 그중 몇 사람은 두세 가지 작업을 혼자
> 서 하고 있었다. 그들은 매우 가난하여 필요한 기계 설비도 제대로 갖
> 춰져 있지 않았지만, 그래도 열심히 일하면 하루에 12파운드의 핀을
> 만들 수 있었다. 1파운드면 중형 핀이 4천 개가 넘는다. 그러므로 이
> 열 사람은 하루에 4만 8천 개 이상의 핀을 만들 수 있는 셈이다. 따라
> 서 한 사람 앞에 4만 8천 개의 10분의 1, 즉 하루에 4800개의 핀을 만
> 든다고 보아도 될 것이다. 그러나 만일 그들이 각자 독립하여 따로따
> 로 모든 일을 하고, 또 아무도 이런 특정한 일을 위한 교육을 받지 않았
> 다면, 그들은 틀림없이 혼자서 하루에 20개의 핀은커녕 한 개의 핀도
> 만들 수 없을 것이다. 다시 말해서 그들은 현재 여러 작업의 적당한 분
> 할과 결합으로 수행할 수 있는 일의 240분의 1은커녕 4800분의 1도
> 못할 것이라는 점은 분명하다.
>
> – 애덤 스미스, 『국부론』 제1편 제1장 「분업에 대하여」에서

산업혁명으로 기계가 도입되면서 현대적 공장제도가 들어섰다. 대규모 작업장의 분업화된, 그리고 기계가 동반된 작업에서 기존의 장인이 보유하고 있던 숙련노동은 그다지 쓸모가 없어졌다. 이는 노동자들의 일자리를 위협했는데, 특히 숙련노동자들에게 심각한 위협이 되었다. 중세 길드에서부터 이어져 오던 장인적 숙련의 전통을 깨고, 직종 전통과 무관한 미숙련노동을 저렴한 가격으로 동원하고 기계를 활용하여 생산활동을 전개함으로써, 기존 노동자들의 존재 조건이 심각한 위기에 봉착하게 된 것이다.

일자리 위협에 맞서 노동자들이 저항에 나서면서 19세기 초반 기계파괴 운동인 러다이트 운동Luddite Movement이 일어났다. 이 운동의 리더였던 네드 러드Ned Ludd의 이름에서 유래된 러다이트 운동은 방직 공장에 기계가 대규모로 도입된 1810년대 초엽에 거의 전 영국을 휩쓸었다. 운동은 1811년 노팅엄의 공장 기계를 부수는 것에서 시작하여 요크, 랭카스터, 더비 등의 공업 지역으로 번졌고, 1812년에는 핼리팍스와 리즈의 공장도 습격했다. 이로 인해 공장주가 공격당해 살해되는 일도 있었다. 이에 영국 정부는 기계 파괴를 극형에 처할 수 있는 범죄로 규정하고 군대를 보내 러다이트 운동을 진압했으며, 수십 명의 노동자를 잡아서 사형에 처하기도 했다. 극렬한 러다이트 운동은 1817년까지 6년가량 지속되었다.

러다이트 운동은 인간의 노동과 기술이 어떻게 연결되어야 하는지에 대한 고민을 던져 주었다. 어떻게 보면, 기술에 대한 러다이트의 저항은 "우리 삶의 양식과 가치를 전문 과학기술자들의 판단에만 맡기지 않겠다"라는 인식이 표출된 것으로 볼 수 있다(손화철, 2017: 30). 이 운동은 특히 공장의 효율은 높이지만 노동자를 거리로 내모는 기술에 대한 사회적 차원의 문제의식과 대안 모색의 필요성을 제기했다.

분업과 기계의 도입으로 사라진 숙련노동자를 대신하여 미숙련노동자들이 대거 공장에 유입되면서, 특히 저렴하고 유순하고 통제하기 쉬운 아동들이 점차 일자리를 차지하게 되었다. 노동권이나 근로기준법의 개념이 없던 시절, 미숙련 아동 노동자들은 극도의 장시간 노동과 턱없이 낮은 임금, 열악한 노동조건에 내몰렸다. 현대 사회사상의 핵심 기둥 중 하나로 평가받는 칼 마르크스^{Karl Marx}는 『자본』에서 19세기 영국 노동자들의 열악한 노동조건을 아래와 같이 서술하고 있다(Marx, 1867).

벽지 공장에서는 조잡한 종류의 벽지는 기계로 인쇄하고 정교한 종류는 손으로 인쇄한다. 가장 바쁜 달은 10월 초에서 4월 말까지이다. 이 기간 동안 작업은 때때로 거의 중단 없이 오전 6시에서 밤 10시 또는 심야까지 계속된다.

리치는 이렇게 증언하고 있다: 이번 겨울 동안 19명의 소녀 가운데 6명은 과로로 인한 질병 때문에 공장에 나오지 못했습니다. 소녀들이 졸지 않도록 하기 위해서 나는 고함을 쳐야 합니다.

더피: 아이들은 종종 피로 때문에 눈을 뜰 수조차 없습니다. 사실 우리도 그럴 때가 있습니다.

라이트본: 나는 13세입니다. … 우리는 올겨울에는 밤 9시까지 일했고 지난해 겨울에는 10시까지 일했습니다. 이번 겨울 동안 나는 상처 난 발이 아파서 매일 밤 울곤 했습니다.

아스덴: 이 어린 것이 7세일 때 나는 매일 이 아이를 등에 업고 눈길을 업어다주곤 했습니다. 이 아이는 보통 16시간이나 일해야 했습니다! … 이 아이가 기계 옆에 서 있는 동안 나는 종종 무릎을 꿇고 밥을 먹여 주곤 했습니다. 왜냐하면 이 아이는 기계 곁을 떠나거나 기계를 멈추게 해서는 안 되었기 때문입니다.

맨체스터의 한 공장 작업관리 사원 스미스: 우리(그가 우리라고 하는 것은 '우리들'을 위해서 노동하는 그의 '직공들'이다)는 식사시간을 위한 휴식도 없이 일하기 때문에 10시간 반의 하루 작업은 오후 4시 반에 끝나고 그 뒤부터는 모두 초과노동시간이다. 우리는 저녁 6시 전에 끝마치는 일이 거의 없으므로 우리는 사실상 1년 내내 초과노동을 하는 셈이다. … 아동이나 그리고 성인 모두 똑같이 최근 18개월 동안은 평균적으로 매주 적어도 7일 5시간, 즉 78시간 반을 일했다. 올해 5월 2일까지 6주 동안은 평균이 조금 더 증가하였다 – 주 8일, 즉 84시간이었다!

– 칼 마르크스, 『자본』 I권 제3편 제8장 「노동일」에서

노동자들의 일상적인 생활과 재생산을 불가능하게 할 정도로 진행된 이와 같은 '과잉착취'는 노동자들의 저항을 불러일으켰다. 이와 동시에 노동자 보호에 대한 사회적 관심을 환기함으로써, 결국 국가가 노동자 문제에 개입해 공장법 등 노동자를 보호하는 법령을 제정하도록 했다. 이후 장시간 노동, 야간노동, 아동노동을 규제하는 노동권 보호 제도가 발전했다.

대량생산 시대의 개막

20세기에 들어서면서 '생산 혁명'이라고 할 수 있을 정도로 생산방식에서 혁명적인 변화가 일어났다. 포드주의 대량생산 방식이 그것인데, 이는 사람들의 일하는 모습뿐만 아니라 일상생활을 영위하는 방식 또한 획기적으로 바꾸었다. 그간 귀족들이나 사용할 수 있는 '사치재'였던 물건들이 대량생산으로 비교적 저렴하게 공급되어 대중들도 사용할 수 있는 '일반재'가 되면서 일상생활의 풍요를 가져왔다. 대량생산 방식은 사람들의 생활과 여가를 활용하는 방식을 바꾸고 전 세계 사람들에게 '아메리칸 드림'을 꿈꾸게 했다.

이러한 풍요로운 일상생활의 이면에서 사람들은 매우 힘들고 지루하며 스트레스받는 노동에 직면했다. 기계를 활용하여 주도적으로 생산에 참여하기보다는 거대한 기계 앞에서 기계를 보조하는 위치로 전락한 것이다. 한편 무엇을 하는지도 모른 채, 파편화된 단순하고 반복적인 업무를 끊임없이 시키는 대로 하는 방식의 노동은 일상생활의 풍요를 통해 보상받았다. 노동의 고통과 일상의 풍요가 상호교환되는 새로운 삶의 모습이 20세기에 전개된 것이다.

대량생산 방식은 기술적으로는 테일러Taylor의 과학적 관리론과 포드주의 생산방식을 기초로 하고 있다. 먼저 테일러의 과학적 관리론은 주창자의 이름을 따서 '테일러주의' Taylorism로 지칭되었다(Taylor, 1911). 19세기 말 20세기 초에 공장 관리자이자 엔지니어였던 테일러는 효율성의 관점에서 작업과정을 새롭게 재구성했다. 우선 그는 노동자들의 태만과 비능률적 작업 관행에 초점을 맞추었는데, 특히 개별적으로 행해지는 것이 아니라 조직적으로 강제되는 태만이 비능률의 핵심이라고 보았다. 공장에서 노동자들이 조직적으로 태만한 것은 노동능률이 상승하면 실직할 수 있다는 두려움 때문이었다. 사용자나 관리자가 조직적 태만을 허용하는 이유는 이들이 작업과정을 잘 몰라서 작업방식을 노동자들에게 일임하기 때문이라고 테일러는 생각했다. 작업과정을 잘 모르는 사용자들이 작업장에 대한 막연한 관찰에 근거해 불완전한 방식으로 작업량을 결정하기 때문에 조직적 태만이 일어난다고 본 것이다. 따라서 테일러는 작업과정의 비효율성 제거를 위해서는 과학적 관리를 통해 노동과정의 지식을 관리의 영역으로 전환해야 한다고 생각했다.

과학적 관리를 위해 테일러는 시간연구time study를 시행

했다. 이는 몇 단계로 진행된다. 먼저, 분석하고자 하는 어떤 일을 하는 데 가장 숙련된 노동자 10~18명을 모은 다음, 둘째, 이 숙련노동자들이 일하는 기본적인 동작과 방법을 정확히 관찰하고, 셋째, 각각의 기본적인 동작에 소요되는 시간을 재고 각 동작의 가장 빠른 방법을 추출하여, 넷째, 해당 작업을 하는 데 동원된 거짓 동작, 느린 동작, 소용없는 동작을 모두 제거한다. 마지막으로 기본적인 동작의 가장 빠르고 좋은 방법들을 작업과정의 하나의 절차로 다시 구성한다. 테일러는 이러한 단계를 거쳐 과학적 관리를 수행하면 가장 효율적이고 생산성을 높일 수 있는 생산과정이 만들어진다고 보았다.

테일러의 과학적 관리론은 주목할 만한 높은 생산성과 효율성을 보여주면서 미국을 중심으로 급속히 확산했다. 그러나 테일러주의는 높은 효율성과 대비되는 비인간적 노동방식으로 인해 많은 비판을 받게 된다. 노동의 관점에서 테일러주의를 비판하는 대표적인 논의로 브레이버만^{Braverman}의 비판을 들 수 있다(Braverman, 1974). 그는 테일러의 과학적 관리론이 전통적으로 노동자들이 가지고 있던 노동과정의 지식을 노동자로부터 제거하고 그 지식을 관리자가 독점하도록 만들었고, 이제 지식의 독점을 이용하여 관리자가 노동과정을 전적으로 통제하게 되면서 노동의 쇠퇴degradation가 발생한다고 비판한다. 즉, 구상conception과 실행execution의 분리가 발생하고 정신노동과 육체노동이 분리되며, 노동자들이 탈숙련화된다는 것이다.

20세기 초 미국을 중심으로 발전하게 된 테일러주의는 대량생산 위주의 생산방식인 포드주의Fordism와 결합되어 20세기 자본주의의 핵심 조직원리로 자리 잡게 된다. 포드주의 대량생산 방식은 기본적으로 테일러주의적 작업방식을 적용한다. 즉 직무를 잘게 세분화·표준화한 다음, 단순반복 작업에 익숙한 미숙련/반숙련노동을 대량으로 투입해서 작업의 효율을 극대화한다. 포드주의는 이와 같은 테일러주의적 작업방식에 이동식 조립 생산라인Conveyor Belt으로 대표되는 기계화의 원리를 결합시켰다. 오늘날 자동차회사에서 차량을 조립하는 장면을 보면, 작업자가 서 있는 앞으로 생산 중인 자동차가 이동식 조립라인을 따라 이동한다. 이동하는 차량들 사이에서 작업자는 자신의 업무를 수행한다. 가령 바퀴 조립공의 경우 이동식 라인을 따라 자신에게 다가오는 차량에 바퀴를 체결하고 나사를 조이는 작업을 수행한다. 한 차량의 작업이 완료되면 다시 다가오는 다음 차량에 바퀴를 체결하는 작업을 반복한다. 이런 단순화된 부분작업들이 모여 최종제품이 만들어진다. 제품의 제조방식은 표준화된 틀을 따르며 노동자들은 테일러주의 원리에 따라 단순화되고 표준화된 작업을 반복적으로 수행한다. 사용자가 조립라인의 이동속도를 높이면 노동자들의 작업속도가 빨라지고 표준화된 제품이 대량으로 생산된다.

포드가 자동차를 대량생산하기 전까지 자동차는 매우 비싼 제품이었다. 자동차를 생산하는 노동자와 자동차를 타는 사람 사이에는 경제적, 사회적 지위의 측면에서 어마어마한 격차가 있었다. 그러나 20세기 들어 표준화된 자동차가 대량으로 생산되면서 상대적으로 저렴한 자동차가 보급되었다. 여기에 할부제도까지 발전하면서 이제 노동자들도 열심히 일하면 할부로 자동차를 구매할 수 있게 되었다. 대량생산 방식은 자동차에 국한하지 않고 다양한 제품들로 확산했다. 상류층만 이용할 수 있었던 사치재가 대량으로 생산되어 저렴하게 판매되면서 노동자들도 소비할 수 있게 되었다.

이렇게 미국으로부터 시작된 포드주의 대량생산 방식은 20세기 사람들의 노동뿐만 아니라 일상생활까지 획기적으로 변화시켰다. 대량생산이 대중소비를 낳고 대중소비는 노동자와 시민의 생활방식을 바꾸었다. 많은 사람이 자동차를 소유할 수 있게 되면서 여가를 보내는 패턴이 달라졌다. 일반 가정에 세탁기, 청소기, 라디오를 비롯한 각종 가전제품이 들어오면서 일상생활은 풍요로워졌다. 이와 대조적으로 노동과정은 매우 지루하면서도 힘들어졌다. 노동과정에 대한 지식이 제거된 상태에서 노동자들은 매일, 매달, 수년간 사용자나 관리자가 시키는 대로 단순 작업을 반복적으로 수행해야 했다. 작업속도가 높아지면서 노동강도는 강화된 반면, 대량생산과 대중소비에 따라 일상생활은 풍요로워졌다. 노동자들은 자신이 통제할 수 없는 노동과정에서 경험하는 부정적인 노동 현실을 일상생활에서 소비와 풍요로 보상받는 삶을 추구했다. 그 결과 대량생산과 대중소비에 의존하는 현대적인 생산방식이자 사회적인 삶의 양식이 만들어졌다.

생산직 노동과정을 중심으로 형성된 테일러주의의 원리는 사무노동의 영역에도 적용되었고, 더 나아가 사회 전반의 중심 조직원리로 확대 적용되었다. 작업장뿐 아니라 가정과 일상생활의 영역에서도 모든 업무가 단순화, 기계화되면서 탈숙련화, 구상과 실행의 분리가 나타났다. 또한, 중요 사회

영역들에서도 구상과 실행의 분리 원칙이 적용되어 구상 기능은 사회의 중요 지식을 독점하고 있는 전문가가 담당하고 지식을 소유하지 못한 비전문가들은 단순한 실행 기능만을 수행하게 되었다.

정보화와 유연한 생산방식의 등장

1920년대 미국 자동차산업에서 시작된 포드주의 대량 생산 방식은 2차대전 이후 서구 자본주의 국가 및 제3세계 국가들로 전파되면서 20세기를 대표하는 생산방식이 되었다(Lipietz, 1987). 포드주의 대량생산 방식은 작업과정에서 테일러주의 원리에 따른 파편화, 세분화된 분업과 이동식 조립라인으로 대표되는 기계화의 원리를 결합함으로써, 단순반복적 미숙련노동력의 대량투입을 통해 표준화된 상품을 대량으로 생산하는 방식이다. 이러한 대량생산의 기술은 수직적 통합을 통해 등장한 현대의 법인기업corporation과 결합되어 '규모의 경제'economy of scale와 '속도의 경제'economy of speed를 실현할 수 있게 함으로써[2] 획기적인 생산성 향상과 제품 단가 인하를 가져왔다(Chandler, 1990). 이로 인해 사회의 상류층만 향유할 수 있던 사치재들이 대중이 소비할 수 있는 일반재로 전환됨으로써 대규모의 시장팽창이 가능해졌다. 지속적인 수요 확대와 시장팽창은 다시 공급 측면에서 대량생산의 확산을 가능케 함으로써 대량생산과 대중소비의 호순환을 만들어냈다. 이는 2차대전 이후 '자본주의의 황금기'the golden age of capitalism를 가져온 중요한 요인이 되었다(Marglin and Schor, 1991).

그러나 1970년대 이후 생산성 향상의 둔화, 이윤율의 하락, 노동자들의 불만과 저항 등이 나타나면서 포드주의는 위기에 직면하게 된다. 포드주의 위기의 원인은 여러 측면에서 이야기할 수 있지만, 핵심은 대량생산 기술과 끊임없이 팽창하는 시장의 결합을 특징으로 하는 전후 자본주의 발전모형이 적실성을 상실한 것에서 찾을 수 있다(이재열, 1998). 시

---

2. 규모의 경제란 생산규모가 커질수록 단위당 생산비용이 줄어드는 현상을 지칭한다. 대규모 생산설비를 갖추게 되면 설비를 구축하고 대량생산을 하기 위해 많은 비용이 필요하지만, 오히려 총비용을 생산량으로 나눈 평균 생산비용은 줄어들어 원가를 절감할 수 있다. 한편, 속도의 경제란 원자재를 조달하여 제품을 생산하고 판매하는 속도를 빨리함으로써 더 많은 수익을 창출하는 현상을 지칭한다. 이를 위해서는 노동자들의 작업속도가 빨라야 한다. 포드주의 대량생산방식은 이동식 조립라인을 비롯해 작업장에서 사용되는 기계의 속도를 높임으로써 속도의 경제를 구현할 수 있었다. 또한, 현대의 법인 기업은 원자재 조달로부터 생산과 판매를 하나의 기업 내 기능으로 통합했는데, 그 결과 생산과 판매의 전 과정이 경영 계획에 따라 신속하게 운영되면서 속도의 경제를 달성할 수 있었다.

장이 끊임없이 확장되는 조건에서는 대량생산 능력을 통해 보다 빨리, 보다 많은 제품을 생산하는 것이 중요했지만, 이제 시장팽창이 한계에 이르고 제품의 가치실현이 불확실해지면서 대량생산의 확장은 심각한 과잉생산으로 귀결된 것이다.

이러한 상황에서는 제품의 가치생산 과정에서 효율성과 능력을 향상하는 것보다는 생산된 제품을 어떻게 시장에서 판매하여 그 가치를 실현하느냐가 더욱 중요한 고려사항이 된다. 특히 시장팽창이 한계에 이르면서 새로운 틈새시장 niche market을 찾아내고 이를 공략하는 것이 무엇보다 중요해졌다. 이를 위해서는 소품종의 표준화된 제품을 대량으로 생산하는 것이 아니라, 차별화되고 다양화된 제품을 시장 상황에 따라 유연하게 출시하는 것이 중요해진다(Piore and Sabel, 1984).

20세기 말에 나타난 새로운 생산방식을 개념화하는 논의들은 공통적으로 유연성의 측면을 강조하고 있다. 즉 제품의 종류나 신제품의 출시, 생산량의 조절 등의 측면에서 경직성을 특징으로 하는 기존의 포드주의적 대량생산 방식과 달리, 새로운 생산방식에서는 일상적이고 지속적인 혁신능력을 바탕으로 다양하면서도 향상된 제품을 신속하게 내놓을 수 있고, 시장 상황에 따라 생산량을 유연하게 조절할 수 있다는 것이다.

한편 유연성의 확대는 유연한 방향으로의 기술적, 조직적, 인적 요소들이 결합됨으로써 가능하다. 기술적 측면에서는 범용기계의 도입과 같이 유연한 방식으로 기술이 적용되어야 한다. 20세기 중후반의 정보화와 컴퓨터기술의 발전은 유연한 생산을 가능케 한 기술적 요인이 됐다. 이제 같은 설비라고 하더라도 컴퓨터 프로그램만 변화시키면 유연하게 다른 업무를 할 수 있게 된 것이다. 한편 인적 측면에서는 노동자들의 숙련향상을 통해 정보화, 자동화된 작업과정에 유연하게 대처할 수 있는 능력을 높이고, 조직적 측면에서는 수직적 분업을 축소하고 노동의 자율성을 확대하는 변화가 나타난다. 결국, 유연성의 확대는 정보기술의 적용 및 그와 결합된 전문화와 분업의 축소 등을 통해 가능하다. 다시 말해 기존의 테일러-포드주의의 특징인 표준화된 작업과정에서 이뤄지는 파편화된 분업 및 노동의 탈숙련화가 아니라, 오히려 수직적 분업 축소와 노동의 자율성 및 숙련향상이 유연성 확대의 전제조건인 셈이다. 유연성과 전문화의 결합, 즉 각 분야에서 전문성을 지닌 개별 주체들이 네트워크를 형성함으로써 유연한 생산이 이루어진다는 '유연전문화' flexible specialization 개념은 바로 이러한 문제의식을 반영하고 있다(Piore and Sabel, 1984; Hirst and Zeitlin, 1997)[3].

그런가 하면, 유연한 기술은 노동시장 유연화를 촉진했다. 노동시장이란 노동력이 거래되는 시장, 즉 노동력 상품의 구매와 판매가 이루어지는 시장을 의미한다. 노동자들은 노동시장에서 자신의 노동력을 팔아 임금을 얻고 노동을 제공함으로써 임금노동 관계를 형성한다. 노동시장이 유연화된다는 것은 이러한 노동력 거래의 유연화, 즉 노동자들의 채용과 해고, 배치, 임금의 결정 등이 유연하게 이루어진다는 의미이다. 노동시장이 유연화되면서 과거에는 쉽지 않았던 노동자의 해고가 용이해졌다. 또한, 다양한 고용형태, 즉 임시직, 계약직, 용역, 파견, 특수고용 등과 같은 소위 '비정규직' 노동이 활성화됐다. 이에 따라 노동자들의 고용불안이

---

3. 노동자들의 자율성과 숙련 향상을 통해 생산공정에서 낭비를 제거하고 지속적 혁신을 추구한다는 '린생산방식'(lean production system: Womack, Jones, and Roos, 1990; Kenney and Florida, 1993), 그리고 분업 축소, 구상과 실행의 통합을 통해 인적자원을 보다 잘 활용함으로써 효율성을 높인다고 보는 '신생산개념'(new concepts of production: Schumann et al, 1995; Schumann, 1998) 또한 바로 이러한 논의와 일맥상통한다.

중요한 사회문제로 등장하게 되었다.

디지털 기술은 노동을 어떻게 변화시킬까?

이상에서 알 수 있듯이 급격한 기술 변화는 노동과 일상생활을 급격히 변화시켰다. 그렇다면 지금 진행되고 있는 디지털 기술은 어떠할까? 그것은 노동에 어떠한 영향을 미치며 일상생활을 어떻게 바꾸고 있는가? 이러한 양상을 본격적으로 규명하기 이전에 이어지는 2장에서는 현대사회에서 노동이 진행되는 양상인 임금노동의 특징을 검토한다.

현대 자본주의 발전과 임금 중심 사회의 형성

노동이란 무엇인가?

사람은 살아가면서 여러 가지 활동을 한다. 회사에 출근해서 맡은 업무를 수행하거나, 아니면 농사를 짓거나 장사를 하기도 한다. 가족 구성원들과 함께 먹을 수 있는 식사를 준비하기도 하고, 가족 친지 중에 아픈 사람이 있으면 정성껏 병간호를 하기도 한다. 친구들과 만나 맛있는 음식이나 음료를 먹으며 수다를 떨기도 하며, 등산이나 자전거, 러닝, 트레킹 등 다양한 운동을 하기도 한다. 책을 읽거나 악기를 연주하는 등의 취미활동을 하기도 하고 때로는 아무 생각 없이

2장 • 현대 자본주의 발전과 임금 중심 사회의 형성　　37

TV 예능 프로그램을 보면서 시간을 보내기도 한다. 이렇게 우리가 일상적으로 수행하는 활동 중에서 어떤 것을 노동이라고 부를 수 있을까? 노동이라고 규정하는 활동의 중요한 특징은 무엇일까?

백과사전에서는 노동을 "자연 상태의 물질을 인간생활에 필요한 것으로 변화시키는 활동"으로 정의한다(두산백과). 마르크스는 『자본』 1권에서 노동을 "인간과 자연 사이의 한 과정, 즉 인간이 자연과의 질료 변환을 그 자신의 행위에 의해 매개하고, 규제하고, 통제하는 과정"으로 정의하고 있다.

이러한 정의들에서는 공통적으로 '자연'이 중요 요소로 등장한다. 노동은 주어진 '자연'을 필요에 맞게 '변형'시키는 행위이다. 이때 중요한 것은 인간의 '구상'concept이다. 사람이 자연 상태에 있는 재료들을 자신의 필요에 맞게 변형할 때, 그는 어떻게 변형할 것인지 구상하고 계획한다. 물론 노동이 항상 자신이 계획한 대로 실현되는 것은 아니지만, 그럼에도 인간의 노동 활동에는 '구상'이라는 요소가 들어 있다. 마르크스는 노동을 인간과 동물을 구분하게 해주는 핵심 요인으로 보면서 다음과 같이 서술하고 있다. "거미는 본능적으로 집을 짓지만, 인간은 미리 생각한 바에 따라 베를 짠다."

그런 의미에서 노동은 사람이 자신의 '구상'에 따라 '자연'을 '변형'하는 일종의 '창조적' 활동이다.

동물과 인간을 구분하는 핵심적인 활동이자 창조적인 활동이지만, 실제 현실에서 노동은 그다지 좋은 대접을 받지 못한다. 사실 노동하는 것을 좋아하는 사람은 그리 많지 않다. 노동을 긍정적으로 추구하기보다는, 오히려 가급적 피하고 싶은, 부정적인 것으로 인식하는 경향이 있다. 어떻게 하면 노동하지 않고, 혹은 노동을 최소화하면서 편하게 살 수 있을까 궁리하는 사람이 많다. 왜 그럴까?

이에 대해서는 두 가지 가능성을 상정할 수 있다. 첫째, 인간에게 노동은 매우 유의미하고 창조적인 활동이지만, 현실에서는 그런 노동의 의미가 변질되었기 때문이다. 둘째, 노동이 실제로 인간에게 유의미하고 창조적인 활동이라는 것 자체가 잘못된 인식일 수도 있다. 이 장에서는 노동에 대한 인식의 역사적 변천 과정을 살펴보고 우리가 살고 있는 현대사회에서 수행되는 노동의 특징과 문제점을 검토한다.

아담의 저주에서 신이 내린 소명으로: 노동 개념의 역사적 변천

　노동이 처음부터 창조적 활동이자 인간존재의 핵심으로 간주되었던 것은 아니다. 노동은 시대와 사회에 따라 그 형태가 계속 변해왔고 그것의 의미 또한 다르게 인식되었다. 현대 이전까지 노동은 대체로 '피해야 할 것', '고통스러운 것', '인간 본질에 위배되는 것' 등으로 이해되었다. 『구약성서』는 행복한 낙원 생활을 즐기던 인간이 죄를 짓고 노동을 하게 된 것으로 서술하고 있다. 인간의 원죄에 대한 신의 저주로 노동이 등장하는 것이다.

　고대 그리스에서는 노동이라는 괴로운 육체적 고통으로부터 해방되어야만 자유로운 인간이 되어 학문과 정치를 할 수 있다고 보았다. 육체적 노동을 의미하는 그리스어 포노스ponos는 '형벌'이라는 의미도 갖는데, 그것은 인간의 활동이 아니라 노예의 일로 간주되었다. 한편 노동을 의미하는 프랑스어인 트라바이travail는 '고문 도구'를 의미하는 라틴어에서 유래된 말이다. 동양사상에서도 노동은 부정적으로 인식되는데, 가령 공자는 농공상업을 비천한 것으로 간주하고 있다.

현대사회가 되면서 노동에 대한 인식 전환이 이루어졌다. 노동은 더는 부정적인 것이 아니라 인간에게 긍정적인 것, 적극적인 것으로 이해되기 시작했다. 노동의 의미 변화에 중요한 역할을 한 것은 종교개혁이었다. 종교개혁가인 칼뱅Calvin은 인간은 노동을 통해 스스로를 발견하고 구원을 찾을 수 있다고 보았다. 칼뱅에 따르면 노동의 결과 획득되는 부의 축적은 개인이 신에게 선택받은 사람이라는 징표이며, 반대로 노동하지 않는 게으름과 그 결과인 가난은 자신이 선택받지 못했음을 나타낸다. 이제 노동은 '아담의 저주'가 아니라 구원을 위해 적극적으로 소임을 다해야 할 '신의 소명'이 되었다.

현대의 주요 사상가들도 노동에 적극적 가치를 부여하기 시작했다. 현대 자유주의의 이론적 토대를 마련한 존 로크John Locke는 자유를 인간의 본성으로 보면서 그것을 현대 자본주의의 소유권 사상과 연결시켰다. 자신의 생명, 육체와 더불어 개인은 재산에 대한 소유권을 갖는데 이는 재산이라는 것이 자신이 직접 노동하여 새롭게 창출해 낸 것이기 때문이다. 이때 노동은 자연을 변형시켜 새로운 가치를 만드는 창조적 활동으로 이해되었다. 애덤 스미스는 새로운 가치로서의 부富는 노동으로부터 비롯된다고 함으로써 노동이 새로운 가치를 창출한다는 노동가치론을 정립했다. 이를 발전시켜 마르크스는 노동을 인간의 구상에 따라 자연을 변형시키는 활동으로, 인간을 동물과 구분해주는 핵심적인 것으로 간주했다. 모든 사람이 자유롭게 노동할 수 있는 권리인 '노동권'은 인간이 지니는 핵심적 권리로 부상하게 되었다.

네가 아내의 말을 듣고서, 내가 너에게 먹지 말라고 한 그 나무의 열매를 먹었으니, 이제, 땅이 너 때문에 저주를 받을 것이다. 너는, 죽는 날까지 수고를 하여야만, 땅에서 나는 것을 먹을 수 있을 것이다. 땅은 너에게 가시덤불과 엉겅퀴를 낼 것이다. 너는 들에서 자라는 푸성귀를 먹을 것이다. 너는 흙에서 나왔으니, 흙으로 돌아갈 것이다. 그때까지, 너는 얼굴에 땀을 흘려야 낟알을 먹을 수 있을 것이다. 너는 흙이니, 흙으로 돌아갈 것이다.

－「창세기」 3: 17~19

벤치를 만드는 목수, 구두를 만드는 제화공, 소젖을 짜는 하녀, 이들은 모두 일상의 누추한 일에서 신이 부여한 진정한 소명을 발견한다.

－마르틴 루터Martin Luther, 「비텐베르크 신도를 대상으로 한 설교」에서

성서 「창세기」의 천지창조 설화에서 인간은 신이 만들어낸 피조물로 묘사된다. 신은 인간을 창조하면서 에덴동산이라는 낙원에서 즐겁게 생활하도록 했다. 그러나 인간은 신이 금지한 행위를 하게 되었고, 진노한 신은 에덴동산에서 인간을 쫓아내면서 평생토록 노동해야 한다는 '저주'를 내린다. 현대 이전까지 기독교의 노동에 대한 인식은 위의 창세기 구절의 연장선이었다. 노동은 결국 인간의 원죄에 대한 대가로 인식되었다. 신이 창조한 인간, 죄를 짓기 전의 인간은 본질적으로 노동하지 않는 인간이었다. 노동은 끔찍하지만, 죄인이기 때문에 치러야 할 처벌, 인간 본성에 위배되는 행위로 인식되었다.

한편 두 번째 인용문은 「95개 조 반박문」에 있는 문장으로, 현대 종교개혁을 이끈 마르틴 루터의 설교 내용 일부이다. 종교개혁가들은 근면 성실한 노동과 금욕, 그것을 통한 부의 축적을 신의 소명으로 인식했다. 현대 주요 사회사상가인 막스 베버Max Weber는 종교개혁 이후 신으로부터 부여받은 소명을 완수하기 위한 사람들의 실천을 자본주의 발전의 기원으로 보면서 이를 '자본주의 정신'으로 표현했다Weber, 1920. 종교개혁 정신에 충실한 신도들이 신의 소명에 따라 근면 성실하게 노동에 종사하여 부를 축적했고, 이것이 다시 더 많은 부를 창출하기 위한 자본으로 투자되면서 현대의 자본주의가 발전할 수 있었다는 것이다. 위의 두 인용문은 역사적으로 노동에 대한 인식이 어떻게 극적으로 변화했는지를 잘 보여주는 대표적인 문구들이다.

사회적 노동과 개인적 활동의 분리

노동을 "인간의 필요를 위해 인간의 노력으로 자연을 변형시키는 활동"으로 정의하지만, 사실 자연을 변형시키는 활동이 모두 노동으로 인정받는 것은 아니다. 현대사회에서는 돈을 벌기 위한 노동만이 사회적 노동으로 인정받는 경향이 있다. 돈을 버는 것을 목적으로 하지 않는 활동은 개인적 활동일 뿐 사회에서 노동으로 인정받지 못하는 것이 현실이다. 이는 현대사회에서 일과 여가, 공적 영역과 사적 영역의 분리가 나타났기 때문이다.

현대 이전 사회로 잠시 눈을 돌려 서구의 중세 봉건사회, 우리나라의 조선시대를 상상해 보자. 당시 사람들은 농촌에서 농사를 지으며 시계가 필요 없는 삶을 살았다. 새벽에 첫 닭이 울면 일어나 아침을 먹고 들일을 하기 위해 나가거나, 집에서 생활에 필요한 여러 활동을 했다. 들일을 나갈 경우 중간에 집에 와서 식사하거나 들에서 새참을 먹었다. 새참을 먹다가 막걸리라도 한잔하고 기분이 좋으면 그날은 일을 접고 놀기도 했다. 해가 질 무렵 집에 와서 씻고 저녁 먹고 어두워지면 잠을 잤다. 여성의 경우 식사 준비와 빨래 등의 가

내 활동을 하면서 또 들에 나가 일을 하기도 하고, 밤이면 호롱불 앞에서 바느질을 하거나 베를 짜곤 했다. 이러한 생활에서 일상생활과 노동, 집과 일터, 여가와 노동은 엄격히 분리되지 않았다. 집과 들이 모두 일터이자 일상생활의 공간이었다. 상인들이나 수공업자들의 삶도 마찬가지였다. 일터와 집터가 구분되지 않고 일상생활과 노동이 구분되지 않는 삶이었다.

현대사회로 들어서면 전혀 다른 그림이 펼쳐진다. 사람들은 아침에 일어나서 식사 및 나갈 준비를 하고 몇 시까지 일터로 '출근'한다. 하루 종일 일터에서 노동을 하고 저녁에 일터와 분리된 집으로 '퇴근'한다. 집으로 대표되는 퇴근 후의 공간은 노동으로부터 벗어난 공간, 여가와 휴식의 공간이다. 이렇게 현대사회에서는 노동과 여가, 일터와 집터의 분리가 일어난다. 노동의 영역, 일터의 공간은 공적 영역이 되고, 여가와 휴식의 영역, 집터의 공간은 사적 영역이 된다. 공적 영역에서 다수의 사람은 직장에서 일을 하고 임금을 받는 '임금노동'을 수행한다. 공적 영역에서 임금노동으로 대표되는, 돈을 벌기 위한 노동은 사회적 노동으로 인정받는다. 반면, 여가의 영역, 사적 영역에서 수행되는 활동 및 노

동은 개인과 가족의 쉼과 여가를 위해 수행되는 개인적 활동일 뿐, 사회적 노동으로 인정받지 못한다.[4]

자본주의와 임금노동 관계

현대사회에서 공적 영역과 사적 영역의 분리가 발생하는 이유는 무엇일까? 임금노동으로 대표되는, 돈을 벌기 위한 노동만이 사회적 노동으로 인정받게 된 이유는 무엇일까?

여기에는 '자본주의'capitalism라는 현대사회의 주요 특징이 그 배경으로 자리 잡고 있다. 자본주의란 말 그대로 '자본' capital이 중심이 되는 사회를 말한다. 그러면 자본이란 무엇인가? 자본은 기본적으로 돈을 말하지만, 모든 돈이 자본은 아니다. 가령, 내가 어찌어찌하여 돈 1만 원이 생겼다고 가정하자. 그 돈으로 식당에 가서 맛있는 음식을 사 먹고 1만 원을 모두 사용했다면 이렇게 써버린 돈은 자본이 아니다. 그것은 내 식욕을 충족하기 위해 소비된 돈일 뿐이다.

---

4. 가사 노동이 대표적인 사례이다. 가사 노동은 집에서 놀면서 하는 일로 간주될 뿐, 사회적 노동으로 인정받지 못한다.

한편 1만 원을 식욕을 충족하기 위해 소비하지 않고 다르게 사용할 궁리를 할 수도 있다. '1만 원을 밑천으로 더 많은 돈을 벌 수 있는 방법이 무엇일까?' 이런 궁리 끝에 시장에서 식재료를 구입해 김밥을 5줄 만든 다음, 그것을 길가에서 1줄당 4천 원에 판매했다. 5줄을 다 팔고 나니 나에게는 2만 원의 돈이 생겼고 이번에는 더 많은 식재료를 사서 김밥 10줄을 만들어 판매했다. 다 팔고 나니 이제 4만 원의 돈이 내 수중에 떨어졌다. 처음에 갖고 있던 1만 원은 2만 원으로, 다시 4만 원으로 늘어났다.

이렇게 자본이란 소비되는 것이 아니라 투자되는 돈을 말한다. 투자의 목적은 돈을 버는 것, 좀 더 거창한 말로 표현하면 '이윤', 좀 더 어려운 말로 하면 자본을 점점 더 많이 모으는 '자본축적'이다. 자본이 중심이 되는, 자본이 주도하는 자본주의 사회란 바로 이렇게 자본축적을 목적으로, 이윤을 목적으로, 더 많은 돈을 버는 것을 목적으로 사회의 주요 자원들이 조직화된 사회를 말한다.

한편 자본주의는 시장경제를 특징으로 한다. 자본주의 사회는 사회적 자원의 분배가 시장에서 상품을 사고파는 행위를 통해 진행되는 사회를 말한다. 물론 자본주의 이전에도 시장은 있었다. 그러나 시장이 사회적 자원을 배분하는 주요 장치는 아니었다. 현대 이전의 농경사회에서 사람들은 대부분 필요한 자원을 자신과 가족, 마을 성원들의 힘으로 조달했고, 시장에서 필요한 자원을 교환하고 조달하는 것은 부차적이었다. 그러나 자본주의 사회에서 사람들은 생활에 필요한 자원을 대부분 시장에서 충당한다. 식생활을 영위하기 위해 음식을 '사' 먹거나 식재료를 시장에서 '구매'하여 요리를 한다. 직접 베를 짜서 옷을 만들어 입기보다는 시장에서 '사서' 입는다.

시장에서 필요한 자원을 조달하기 위해서는 돈이 필요하다. 그런데 시장경제에서 돈을 벌기 위해서는 시장에서 무언가를 팔아야 한다. 따라서 사람들은 시장에서 판매할 것을 목적으로 노동하고 생산한다. 농촌에서 예전에는 주로 가족과 이웃, 공동체 구성원들이 자급자족할 목적으로 농사를 지었지만, 지금은 농산물을 시장에 내다 팔 목적으로, 팔아서 돈을 벌 목적으로, 이윤 획득을 위해 농사를 짓는다.

시장에서 거래되는 물품을 '상품'이라고 한다. 시장에서 팔아 돈을 벌 목적으로, 이윤을 목적으로, 자본축적을 목적으로 노동과 생산이 진행됨에 따라, 자본주의에서는 모든 것이 이윤 추구의 대상으로 '상품화'된다. 과거에는 농산물이 개인이나 공동체의 소비 대상이었지만, 이제 농산물은 시장에서 판매를 목적으로, 판매를 통해 이윤을 획득하는 것을 목적으로 생산되며, 그런 면에서 농산물은 '상품화'된다.

마지막으로 자본주의 사회에서는 노동을 통해 자연을 변형시켜 새로운 창조물을 생산하는 '생산자'와 노동과 생산을 위해 필요한 '생산수단' 간의 분리가 발생한다. 다시 현대 이전의 농경사회로 돌아가 보자. 중세 봉건제 사회에서는 왕이나 귀족, 영주가 주요 생산수단인 토지와 농민을 지배했다. 농민은 땅에서 농사를 지은 결과를 영주에게 공납으로 바쳐야 했다(강제노동). 대신 농민은 자기가 농사짓는 땅에 대한 경작의 권리를 보유할 수 있었다. 이렇게 중세 봉건제 사회에서 주요 생산자인 농민은 생산수단인 토지와 분리되지 않고 긴밀히 결합되어 있었다.

현대 자본주의 사회로 오면 이러한 질서에 변화가 생긴다. 신분제도가 폐지되면서 오늘날 사람들은 신분적 강제 없이 자유롭게 노동에 종사할 수 있다. 과거에는 노동의 산물을 영주에게 공납으로 바쳐야 했지만, 현대사회에서는 자신의 노동 결과를 누구에게 바치거나, 누구를 위해 강제로 노동하지 않아도 된다. 자신이 가려는 회사가 맘에 들지 않으면 안 가도 된다. 물론 먹고살기 위해서는 어쩔 수 없이 취업을 비롯한 돈을 벌기 위한 노동을 하겠지만, 그러지 않는다고 법적 처벌이 가해지는 것은 아니다.

이렇게 강제노동이 아닌 자유노동이 되었지만, 대신 중세 농민이 지녔던 토지에 대한 경작의 권리 같은 것은 없다. 현대사회 들어 개인의 배타적 소유 권리, 즉 사적 소유권이 확립되면서 대부분의 사람들은 토지와 같은 생산수단을 갖지 못한다. 농사를 짓고 싶어도 토지가 없어 그러지 못한다. 생산수단을 갖지 못하기 때문에 노동을 하고 싶어도 할 수가 없고, 먹고살 수도 없다.

생산수단이 없는 사람들이 생산활동에 참여하여 생활을 영위하기 위해서는 결국 생산수단을 소유한 사람인 '자본가'에게 의지해야 한다. 생산수단, 즉 생산활동을 전개할 만큼의 충분한 토지나 자본을 갖지 못한 대다수의 사람들이 할 수 있는 것은, 자신이 갖고 있는 일할 수 있는 능력을 시장에서 팔아 누군가를 위해 일을 해주고 그 대가로 돈을 받는 일이다. 회사에 취직하여 회사를 위해, 회사 소유주를 위해 노동하고 월급(임금)을 받는 것이다. 이때 임금노동을 제공하는 '노동자'와 노동자들을 고용해서 임금을 주고 노동을 시키는 '자본가' 사이의 사회적 관계가 형성되는데 이를 '임금노동 관계'라고 한다. 이와 같은 노동양식, 즉 고용주(자본가)의 지휘와 통제하에서 노동을 수행하고 그 대가로 임금을 받는 임금노동이 자본주의 사회의 기본적인 노동양식이다.

노동권을 둘러싼 노동 - 자본 간 투쟁과 임금 중심 사회의 형성

임금노동이 자본주의 사회의 기본적인 노동양식이 되면서 이제 임금노동을 중심으로 노동권이 발전하게 된다. 노동권이란 노동에 부여되는 권리라고 할 수 있다. 현대사회에서 시민은 자유롭게 자신의 이익을 추구할 권리, 어느 누구에게도 예속되지 않을 권리, 법 앞에서 평등할 권리, 자신의 생명과 재산을 스스로 결정할 권리 등 개인으로서 누려야 할 제반 권리를 지닌다. 그렇다면 노동권은 이와 같은 현대사회의 시민, 개인들에게 부여되는 권리와 어떻게 구분될까?

시민 개인의 권리와 구분되는 노동권은 자본주의 사회의 기본적인 사회적 관계인 노동과 자본의 관계, 즉 '노자관계'에서 출발한다. 자본주의 사회에서 노동은 자본에 종속된 채로 노동을 수행하고 자본이 제공하는 임금으로 생활해야 한다는 점에서 자본과의 관계에서 구조적으로 취약한 위치에 놓여 있다. 따라서 노자관계에서 취약성을 극복할 수 있도록 노동에 대해 사회적으로 권리가 부여된다. 개별 노사관계에서 임금과 노동조건에 대한 규제, 집단적 노사관계에서 노동조합 결성과 단체교섭 및 단체행동에 대한 권리 등이 부여된다.

권영숙(2020)은 노동권을 '노동의 시민권'으로 개념화한다. 여기에서 시민권은 '시민됨'의 자격에 기초해 '국가'로부터 인정받는 권리라는 점에서 개인에게 '천부적으로' 주어지는 자연적 권리로서의 인권과 구분된다. 노동의 시민권은 노동자가 일반 시민과 구분되는 존재로 사회적으로 인정받았음을 의미한다. 이런 논의에 근거해 볼 때, 노동권이란 자본주의 사회 주요 세력인 노동자의 시민성에 대한 사회적 인정과 그에 기초해서 자본주의 사회의 특수한 존재인 노동자에 대해 사회적으로 부여하는 개인적, 집단적 권리라고 할

수 있다

노동권의 관점에서 볼 때 자본주의 역사는 저렴하고 유
순한 노동력을 대량으로 확보하려는 자본과 그에 맞서 새로
운 노동의 권리를 획득하려는 노동의 투쟁, 그리고 이에 맞
서는 자본의 대응이 교차하면서 사회제도가 형성되고 발전
해 온 과정으로 해석해 볼 수 있다. 자본이 저렴하게 마음껏
활용할 수 있는 새로운 임금노동자 집단을 창출하면, 이제
새로운 노동자들이 조직화되면서 투쟁을 통해 노동권을 확
장하고, 이에 다시 자본이 그러한 노동권을 축소함과 동시에
노동권을 부여받지 못한 새로운 노동자 집단을 찾아 나서는
과정이 반복적으로 이어져 왔다.

자본주의 초창기 전통적 농촌사회가 해체되면서 토지로
부터 쫓겨난 농민, 부랑자들이 대규모로 발생했다. 이들이
거리를 부랑하면서 구걸하는 것을 금지하는 여러 제도가 도
입되었다.[5] 이를 통해 토지로부터 분리된 사람들을 규율화
하여 저렴하고 말 잘 듣는 공장 노동자가 되도록 하는, 이른
바 '자본의 본원적 축적'이 진행되었다. 노동권 개념조차 없
는 상태에서 자본은 대량 창출된 노동력을 활용해 살인적인
장시간 노동과 극단적 저임금, 아동노동의 착취를 통해 절대

적 잉여가치 획득을 추구했다. 이 시기의 야만적인 노동 상황은 노동자들의 저항을 불러일으킴과 동시에 노동자 보호 입법에 대한 사회적 관심을 환기했다. 노동자들은 투쟁을 통해 장시간 노동, 야간노동, 아동노동을 규제하는 노동권 보호 제도를 발전시켰다.

20세기 초 미국을 중심으로 발전한 포드주의 대량생산 방식은 조직화된 노동이 보유하던 숙련기능을 낡은 것으로 만들었다. 자본은 숙련 노동의 권리를 대신해 미숙련/반숙련 노동을 대량으로 투입해 활용할 수 있었다(Braverman, 1974). 이는 다시 작업장에서 새로운 갈등과 모순을 낳았고, 이에 대공장에 모인 미숙련/반숙련 노동자들이 노동조합을 조직하고 투쟁함으로써 노동의 권리를 확보하는 과정이 이어졌다(Montgomery, 1979; Dubofsky, 1975; Zieger, 1994).

20세기 전반기 두 번의 세계대전과 대공황을 거치면서 노동의 권리를 제도화함과 동시에 생산성 향상을 도모하는 '뉴딜'New Deal이 이루어졌고, 제2차 세계대전 이후 '자본주의

---

5. 당시 빈민을 구제한다는 명목하에 농민과 부랑자들의 구걸을 금지하는 다양한 '구빈법'이 제정되었다. 그에 따라 농민과 부랑자를 규율하는 데 초점을 맞춘 매우 잔혹한 조치들이 취해졌는데, 마르크스는 이를 '피의 입법'으로 지칭했다.

황금기'에는 노동의 권리를 보충 혹은 강화하는 다양한 제도들이 발전하게 되었다. 케인스주의 원리에 따라 국가가 유효수요관리 정책을 통해 고임금과 완전고용을 추구함으로써 고용을 통한 사회적 삶의 향상을 도모했다. 또한, 사회보험 및 각종 사회복지 제도가 발전하면서 임금노동자의 부족한 생계비를 보충했다(박상현, 2012). 그럼으로써 임금노동자들을 중심으로 부가가치의 생산 및 사회적 재생산과 관련한 권리를 부여하고 제도를 구축하는 사회가 발전하게 되었다(Gorz, 1997; Bauman, 2004).

이 책에서는 노자 간 타협을 통해 노동의 권리를 제도화하면서 자리 잡게 된 20세기 사회를 '임금 중심 사회'wage-based society로 지칭한다.[6] 임금 중심 사회에서는 임금노동으로 대표되는, 돈을 벌기 위한 노동만이 사회적 노동으로 인정받는다. 노동은 곧 임금노동, 고용된 노동으로 간주된다. 다시 말해 사용자와 노동자가 고용계약을 맺어서 임금노동 관계가 성립되어야만 노동이 진행되는 것이다.

임금 중심 사회에서 권리의 주요 대상은 임금노동자이

6. 임금 중심 사회라는 개념은 프랑스의 철학자 앙드레 고르(Gorz)로부터 가져왔다. 그는 임금노동이 사회적으로 인정받는 주요 노동 양식이 된 현대사회를 임금 중심 사회로 지칭했다(Gorz, 1997).

다. 고용된 노동, 임금노동을 근거로 노동권이 부여된다. 사용자에게 종속된 임금노동자를 보호하기 위해 임금과 노동조건을 규제하는 근로기준법이 제정되는 등 개별적 노사관계의 법적 보호가 제공된다. 사용자와의 관계에서 구조적으로 취약할 수밖에 없는 노동자들이 집합적으로 사용자와 대면할 수 있도록, 노동3권을 비롯하여 집합적 노사관계를 보장하는 법 제도가 발전한다. 위험에 대한 사회적 보호를 제공하는 사회보험이 고용된 노동자에게 적용되며, 임금노동의 지위에 근거하여 임금노동자 자신과 그의 가족들에게 제공되는 여러 사회복지 제도가 확립된다.

임금 중심 사회에서 개인이 수행하는 노동의 유용성은 그 사람이 받는 임금이 얼마인지를 기준으로 판단된다. 또한, 내가 어떤 직장에서 어떤 노동을 수행하는가 하는 것이 자신의 사회적 위상을 보여주는 중요한 잣대가 된다. 가령, 우리 사회에서 성인이 되어 사회생활을 하면서 새로운 사람들을 만날 때 명함을 교환한다. 명함에는 자신의 직장과 직위가 명시되어 있는데, 이것이 타인이 자신을 판단하는 주요 잣대가 된다. 내가 가진 직업과 직위, 임금이 사회적으로 인식되는 나의 주요 특징이 되는 것이다. 임금 중심 사회는 이처럼 임금노동을 중심으로 노동의 제반 권리와 제도가 확립되고 사회적 정체성이 구성되는 사회를 지칭한다.

디지털 기술과 자본주의

3장에서는 디지털 시대 기술적 패러다임의 특징과 그로 인해 산업 영역에서 나타나는 변화를 검토한다. 디지털 시대의 새로운 기술이 새로운 세상을 만들어내고자 할 때, 그 핵심 기반은 바로 데이터이다. 디지털화digitization가 자연과 사회의 모든 현상, 움직임, 활동을 0과 1이라는 숫자에 기반해 데이터로 만드는 기술이라고 한다면, 초연결성은 사람과 사물, 생물과 무생물 등 세상의 주체와 대상들을 상호연결하여 데이터에 기반한 새로운 기회, 사업을 창출하는 기반이 된다. 플랫폼은 그러한 자원들을 모으고 연결하고 데이터를 생성할 수 있는 무대이자 틀이다. 마지막으로 공유경제는 자본주의 시장 외곽에 존재하던 자원들을 데이터화하고 수익을 창출할 수 있도록 시장으로 끌어들이고 연결하는 것과 관련된다.

디지털화, 모든 것을 데이터로 만들 수 있다

우리가 흔히 사용하는 디지털화digitalization는 오늘날의 새로운 기술 변화를 통칭해서 지칭하는 용어이다. 그런데 지금 이 소절에서 사용하는 디지털화digitization는 아날로그 정보를 디지털 포맷으로 전환하는 것을 의미한다. 현실에서 드러나는 제반 정보들을 0과 1이라는 이진법 숫자체계로 전환하는 과정을 지칭한다.

이진법으로 세상의 모든 것을 표상하려는 시도는 인류 역사에 있어 이미 오래전부터 있었다. 가령 동양의 고전인 『주역』은 음과 양이라는 두 개의 부호를 세 번 겹쳐 배열하는 팔괘로부터 출발했고, 후일 이 팔괘를 다시 두 번 겹쳐 만든 64괘를 통해 세상의 모든 변화를 표현하고자 했다.

이진법을 창안한 17세기 독일의 수학자 라이프니츠Leibniz

는 우주 만물이 생성되고 소멸하는 자연법칙을 존재의 유무와 연결해 철학적 관념과 유물의 실재를 결합하려 했고, 그에 기반해 숫자만이 아니라 여러 다양한 명제를 이진법에 기초한 기호논리학으로 표현할 수 있다는 생각을 발전시켰다. 20세기 중반 앨런 튜링Turing, 존 폰 노이만Neumann 등을 통해 인지과학이 발전하면서 이진법이라는 가장 단순한 기호의 틀을 통해 인간 세상의 모든 것과 그것의 변화 및 발전을 서술할 수 있는 논리적인 체계가 구축되었다(홍기빈, 2017: 89). 컴퓨터 기술이 비약적으로 발전하고 20세기 말 이후 디지털 기술이 발전하면서 이제 알고리즘을 통해 세상의 모든 것을 0과 1이라는 숫자로 분해, 재구성하여 데이터화하는 것이 가능해졌다. 인간과 사물, 자연과 사회가 모두 디지털이라는 단순한 하나의 틀로 통일되어 표현되고 처리될 수 있는 시대가 된 것이다.

한편으로 디지털화는 정보 전달을 용이하게 만들었다. 단순화, 표준화된 지식과 정보는 특정 영역이나 조직에 국한되지 않는 다방면의 소통과 네트워킹을 가능하게 했고, 이는 초연결성hyperconnectivity을 통해 극대화됐다.

초연결성, 자원을 상호연결하여 새로운 기회와 사업 창출

디지털화로 인해 표준화·단순화된 지식과 정보가 생산될 수 있는 기반이 마련되었다면, 이제 그러한 지식과 정보 데이터를 최대한 확보하는 것이 중요하다. 초연결성은 그러한 데이터 확보의 가능성을 현실화하는 기제이다. 인간과 사물을 긴밀히 연결함으로써 디지털화되는 정보와 데이터를 무한히 확보하는 것이 가능해지는 것이다.

1990년대 이후 인터넷이 발전함에 따라 이제 세계적 차원에서 지식과 정보가 이동할 수 있게 되었다. 2000년대 이후 스마트폰과 각종 소셜 네트워크 서비스가 발전하면서 정보와 지식의 유통 규모와 속도가 확대되었다. 연결의 기술은 이제 생산이나 시장에 영향을 미치는 정도를 넘어 개개인의 일상적인 활동에 깊숙이 침투했다. 사물인터넷IoT이 발전하면서 사람 사이의 연결을 넘어 인간과 사물, 사물과 사물의 연결이 가능해졌다. 이렇듯 기술 발전으로 인해 상호 연결이 포괄하는 영역은 무한히 확대된다. 이제 인간과 사물, 기계, 사회와 자연은 전통적인 연결 방식에서 벗어나 전면적이고 전방위적으로 관계를 맺고 연결된다.

초연결성을 통해 인간과 사물, 자연과 사회의 모든 것이 새로운 방식으로 연결되면서 지식과 정보가 무한히 생성된다. 지식과 정보는 데이터로 구축되며 알고리즘을 통해 분해·재구성되면서 새로운 기회와 사업을 창출하는 기반으로 작용한다. 따라서 초연결성이 얼마나 실현되느냐, 다시 말해 얼마나 많은 사람과 사물, 인간과 자연과 사회가 연결되느냐에 따라 확보되는 정보와 지식, 데이터가 달라지고 사업 기회가 달라진다. 초연결성을 최대한 실현하는 것이야말로 디지털 시대 새로운 기회 창출의 핵심이 된다.

플랫폼, 초연결성을 구현하고 데이터를 수집하는 장

(온라인) 플랫폼platform이란 다양한 이용자들의 상호작용을 중개하는 디지털 기반시설이다. '플랫폼 자본주의platform capitalism'에 대한 비판적 독해로 주목받는 서르닉Srnicek은 플랫폼을 "둘 혹은 그 이상의 그룹이 상호작용할 수 있게 하는 디지털 기반시설"로서 "상이한 이용자들, 즉 고객, 광고업자, 서비스 제공자, 제작자, 공급자, 심지어 물리적 객체까지도

망라하는 중개자"로 정의한다(Srnicek, 2017: 143).

플랫폼은 앞의 초연결성을 구현하는 장이다. 플랫폼 이용자들은 플랫폼을 매개로 상호작용을 통해 여러 가지 창조적 활동을 수행한다. 플랫폼은 이용자들의 상호작용을 중개하면서 이용자 활동의 과정과 결과를 데이터로 수집한다. 다양한 이용자들을 플랫폼으로 끌어들이고, 이들이 플랫폼상에서 상호작용을 하도록 유도하며, 상호작용을 통해 이용자가 생산하는 데이터를 추출·집적하는 것이다. 이렇게 수집된 데이터는 다시 분석과정에 투입되어 인공지능을 학습시키거나 새롭게 가공·재구성되면서 디지털 자본주의의 주요 수익 수단으로 활용된다. 이런 점에서 플랫폼은 연결성을 구현하여 디지털 시대의 핵심 자원인 데이터를 생성·집적하는 디지털 시대의 핵심 기구라고 할 수 있다.

디지털 기술과 자본주의

디지털 기술은 기술적 논리로만 작동하는 것이 아니라, 우리가 살고 있는 사회와 영향을 주고받으며 작동한다. 우리는 자본주의 사회에 살고 있고, 따라서 우리가 생활하는 사회의 주요 기술과 조직, 제도들은 자본주의 사회의 맥락에서 작동한다. 언급했듯이 자본주의 사회는 돈을 버는 것을 목적으로, 이윤을 목적으로 사회의 주요 자원들이 조직화된 사회이다. 디지털 기술도 마찬가지다. 그것은 우리가 살고 있는 자본주의 사회의 이윤 추구라는 맥락에서 선택되고, 개발되고, 작동한다.

공유경제의 상품화는 그 하나의 예라고 할 수 있다. 사실, 디지털 경제, 플랫폼 경제를 지칭할 때 가장 많이 사용되는 대표적인 용어가 '공유경제'일 것이다. 플랫폼을 공유경제로 지칭하는 것은 이용자들이 플랫폼상에서 유휴 상품이나 서비스를 공유share한다는 점에 착안한 것이다(김성윤, 2017). 다시 말해 공유경제라는 용어에는 사적으로 소유하던 자원들을 공동체적으로 활용한다는 가치가 부여된다. 실제로 공유경제라는 용어는 원래 인터넷이 발전하면서 위키피디아, 오픈소스 소프트웨어, 블로그 등 디지털상에서 동료생산peer production과 정보 및 콘텐츠의 자유로운 공유가 이뤄지던 상황에서 사용되었다(장귀연, 2020: 188). 공유경제는 시장에서 이윤을 중심으로 사회적 자원이 조직되고 분배되는 자본주의의 문제점을 극복할 수 있는 대안적 운동으로 주목받았다.

그러나 자본주의는 그 속성상 자신을 극복하려는 대안적 실천을 상품화하여 새로운 이윤 추구 대상으로 만들어내는 경향이 있는데, 이는 플랫폼에도 적용될 수 있다. 사실 오늘날 플랫폼 경제에서 공유의 이상은 많이 희석되었다. 자본주의가 수익 추구를 목적으로 플랫폼을 상품화함에 따라, 오늘날 플랫폼 경제는 사적인 유휴자원을 공유한다기보다는 오히려 시장 외부에 있던 유휴자원을 플랫폼 기술을 통해 시장거래의 영역으로 끌어들여 사적 기업의 수익 활동으로 사업화하는 것에 중점을 둔다. 플랫폼에서 수행하는 노동은 "자유롭게 무상공유의 정신을 추구하는 공유경제의 일부가 아니라 자본주의적이고 상업적인 플랫폼을 통해 보수를 받고 일하는 경우"를 의미하는 것이 되었다(장귀연, 2020: 188). 실제로 "무늬만 재화와 노동을 나눌 뿐, 나눈 것의 민주적 분배의 보상이나 사회적 증여 효과가 거의 없는 것이 오늘날 공유의 실체"라는 비판도 있다(이광석, 2017: 51~52).

이렇듯 자본주의 사회에서 기술은 자본축적과 이윤을 목적으로 개발되고, 사용된다. 자신에게 주어지는 이윤을 극대화하기 위해 기술을 사용하는 과정에서 새로운 기술이 공유되기보다는 사유화되거나 독점화되는 경향도 나타난다. 한편, 기술이 사유화·독점화되는 과정에서 임금노동 관계도 변화한다. 새로운 기술이 적용되고 그것이 자본주의적으로 활용되면서 노동에 대한 통제, 고용과 실업, 복지의 양상이 달라질 수 있다.

특히 새로운 기술의 도입과 그것을 활용한 새로운 산업 및 노동의 배치는 이윤율의 하락과 기존 자본주의의 위기에 대한 대응 차원에서 진행되는 경향이 있다. 전술한 바 있는 포드주의 대량생산 방식은 19세기 후반에 발생한 자본주의의 구조적 위기와 그 연장선에서 전개된 20세기 두 차례의 세계대전, 그리고 세계 대공황에 대한 대응으로 등장하여 20세기 자본주의 황금기를 주도했다. 20세기 말 유연 생산의 도입은 당대의 자본주의 위기에 대한 생산 영역의 대응이라고 할 수 있다. 당대의 구조적 위기 상황에서 생산보다는 금융영역에 자본이 투자되면서 20세기 말 금융적 팽창 국면이 전개되었다(Arrighi, 1994). 이 상황에서 새로운 이윤 확보를 위해 금융투자와 함께 디지털에 대한 투자가 진행되었다. 특히 1990년대 중반 신경제New Economy 붐이 일어나면서 인터넷 기술혁신 및 디지털 인프라에 대한 대량 투자가 단행되었고, 2008년 금융위기 이후에는 플랫폼 영역에 대한 대규모 자본투자가 진행되었다(Srnicek, 2017). 자본주의 위기에 대한 대응으로 새로운 이윤처를 찾아 투자된 대규모 자본이 오늘날 디지털 기술혁신의 기반으로 작용한 것이다.

이어지는 글에서는 자본주의 이윤 추구 동학 속에서 등장한 디지털 기술이 기존의 산업 부문을 어떻게 변화시키고 있는지를 대표적 산업의 사례를 통해 검토한다.

디지털 기술과 제조업: 자동차산업 사례

디지털 기술 발전으로 자동차산업의 패러다임이 변화함에 따라 이동성에 대한 새로운 개념이 등장하고 있다. 단순히 이동성을 제공하는 것을 넘어 인터넷과 연결된 스마트한 이동수단이자 친환경적이고 경제적인 이동수단으로 자동차의 개념이 바뀌고 있는 것이다. 편리하고 안전한 이동수단이면서 저렴하고 효율적인 이동수단이라는 이 모든 요소가 결합한 방식으로 자동차의 패러다임은 변할 것으로 예측된다.

일본의 저명한 자동차산업 연구자인 후지모토Fujimoto는 오늘날 자동차산업이 마주할 새로운 산업 세계를 크게 3차원의 세계로 구성한다(Fujimoto, 2019). 첫째, 동력발생장치의 변화에 따른 친환경차로의 전환이 '그라운드'ground 영역에서 진행되고 있다. 배터리, 전기, 전자부품 비중이 커짐에도 불구하고 여전히 이 영역은 제조업에 속하고 연관 산업의 공간적 집적이 경쟁 우위의 핵심이다. 둘째, AI, 소프트웨어와 인프라가 경쟁 우위의 핵심인 자율주행차로의 전환이 '로우 스카이'low sky 영역에서 진행되고 있다. 이 영역에서 자동차 제품의 성격은 소프트웨어가 하드웨어를 제어하고 관리하는 제품인 SDVSoftware Defined Vehicle로 변화한다. 다양한 센서와 통신을 이용하여 주변 환경을 인식하고 연결하면서 자율주행을 하고 OTAOver the Air 기능으로 자동차기업과 자동차 간 상호작용을 지속한다. 셋째, 이동과 관련된 모든 해결책을 제공하는 모빌리티 서비스가 '하이 스카이'high sky 영역을 구성하고 있다. 차량 거래와 이용에서 고객 서비스가 중심적 위치를 차지한다. 차량을 복수 고객이 이용하는 공유경제도 이 영역에 속한다.

자동차산업은 e-모빌리티e-mobility 산업으로 전환하고 있다. 현재는 그라운드 영역이 중심인 것처럼 보이지만, 산업 전환이 진행될수록 로우 스카이와 하이 스카이 영역의 비중이 커질 것으로 예상된다. 미래의 이동수단이 네트워크로 연결되고 배기가스를 배출하지 않으며 더 안전한 새로운 자동차로 발전하면서 e-모빌리티는 커다란 추진력을 얻게 될 것이다.

전기자동차는 1997년 도요타가 하이브리드 자동차인 프리우스를 출시하면서 주목을 받기 시작했다. 이후 2008년 테슬라가 전기차인 로드스터를 출시하면서 세계를 놀라게 했고, 로드스터 출시로 위기감을 느낀 다른 자동차업체들이 본격적으로 전기자동차 개발 경쟁에 뛰어들었다. 여기에 전기자동차의 핵심인 배터리 기술이 발전하고 세계 각국이 환경규제를 강화하면서 전기자동차가 확산하게 되는 중요한 계기를 맞았다.

전기자동차가 완성차업체들의 주도로 개발이 진행된다면, 자율주행차의 경우에는 주로 IT업체들이 개발을 주도하고 완성차업체들이 그 뒤를 따르는 형국으로 진행된다. 2009년 인터넷 서비스업체인 구글은 자율주행차를 개발하겠다고 발표하면서 세계를 놀라게 했는데, 이를 계기로 IT업체들이 본격적으로 자율주행차 개발에 참여하기 시작했다. 이에 위기감을 느낀 자동차업계가 개발 경쟁에 참여하면서 자율주행차 개발은 자동차업체와 IT업체 간의 경쟁으로 전개되고 있다. IT 업체 간, 자동차업체 간, 그리고 IT 업체와 자동차업체 간 자율주행차 개발을 둘러싼 협력과 주도권 다툼은 여전히 활발히 전개되고 있다.

자율주행차는 다시 자동차와 IT 기술을 융합하여 인터넷 접속이 가능한 자동차인 커넥티드 카Connected Car로 발전한다. 이는 '초연결'과 관련되는데, 커넥티드 카에서는 다른 차량이나 교통 및 통신 기반시설infrastructure과 무선으로 연결되어 위험 경고, 실시간 내비게이션, 원격 차량제어 및 관리 서비스, 전자우편, 멀티미디어 스트리밍, 사회관계망서비스SNS 등을 동시에 구현할 수 있다. 이렇게 되면 문화 콘텐츠, 네트워크, 전자장치, 각종 서비스 기능이 한 대의 자동차와 결합하면서 여러 산업과 기술이 융합되고 산업간 경계가 모호해지는 현상이 발생할 것이다.

세계 자동차산업의 발전과 관련한 저명한 연구집단인 국제자동차연구집단GERPISA은 전기자동차의 발전이 자동차산업에서 2차 산업혁명the Second Automobile Revolution의 도래를 가져올 것이라고 주장했다(Freyssenet, 2009). 이 연구에 따르면 자동차산업이 전환되기 위해서는 네 가지 조건, 즉 내연기관 시스템의 혁신, 자동차산업과 자동차산업 이외 분야 간 기술 융합, 국제적 차원의 변화 압력 강화(예를 들어 이산화탄소 규제 강화), 정부의 산업 전환 정책 전개 등의 조건이 충족되어야 한다. 현재 많은 나라에서 네 가지 조건들이 모두 관철되고 있다. 코로나19 사태 이후 산업 전환 과정이 보다 앞당겨지 면서, 이제 자동차산업이 미래자동차 생산으로 전환되는 과 정은 하나의 문턱을 넘어 불가역적인 것으로 보인다.

최근의 자동차 신기술의 등장은 100여 년 전 내연기관 자동차산업의 등장 이래 처음으로 벌어지는 사태이다. 이러 한 기술 변화가 본격화되면 자동차가 더는 기계장치가 아니 라 전자기기이자 각종 소프트웨어와 IT 기술의 결합체가 될 수 있고, 이를 구현하기 위해 다양한 영역과 업종을 포괄하 는 이른바 '융복합'의 결정체가 될 수도 있다. 실제 많은 완 성차업체들은 자동차 생산보다는 자동차와 연계된 기능과 서비스를 연결하는 플랫폼 기업으로서의 비전을 제시하고 있다. 이러한 변화는 기계부품 부문을 중심으로 형성되어 온 자동차산업 전반에 커다란 변화를 가져올 수 있다. 미래자동차로의 기술 변화가 자동차산업에 미치는 영향과 그것이 특히 한국 자동차산업에 어떤 변화를 가져올 수 있는지를 노동과정과 부품공급구조의 측면으로 나누어 검토해보자.

먼저 작업 현장에서 일어나는 노동과정의 변화를 검토해보자. 국제로봇연맹IFR: International Federation of Robot에 의하면, 2022년 한국의 로봇 밀집도는 1,012대로 2위인 싱가포르의 730대보다도 1.4배나 더 많은 압도적 1위를 달리고 있다.[7] 이렇게 높은 수준의 자동화와 기계화는 한국의 주요 수출산업인 자동차산업과 전자산업이 주도해 왔다. 가령 자동차산업의 경우 로봇 밀집도가 2009년 1,057대에서 2022년 2,867대로 무려 2.7배나 늘어났다. 이런 식으로 한국에서는 자동화·기계화·정보화가 매우 높은 수준으로 진행되었고 지금도 급속히 진행되고 있다.

그렇다면 한국의 자동화·기계화 수준이 높은 이유는 무엇일까? 이 질문에 대한 답은 한국 자동차산업 고유의 생산방식에서 찾아볼 수 있다. 〈표 1〉은 현대기아자동차를 중심

---

7. 로봇 밀집도는 제조업 노동자 1만 명 당 로봇 대수로 측정된다. 한국은 2018~2019년 싱가포르에 잠시 1위를 내준 것을 제외하면 2010년부터 줄곧 세계 1위를 달리고 있다. 2022년 한국의 로봇 밀집도는 세계 평균 151대의 무려 6.7배에 이른다.

| 표 1 | 현대차 생산방식과 일본적 생산방식의 비교

구분	현대차 생산방식	일본적 생산방식
기술적 요소	엔지니어 주도의 혁신	현장작업자 중심의 혁신
작업 조직	수량적 유연성	기능적 유연성
기업 간 관계	재벌 중심의 종속적 네트워크	계열 조직의 협력적 네트워크

출처: 김철식·조형제·정준호(2011).

으로 하는 한국 자동차산업 생산방식의 특성을 일본 자동차산업의 그것과 비교한 것이다.

노동과정과 작업조직 측면에서 본다면 현대기아자동차를 중심으로 하는 한국 자동차산업의 생산방식은 숙련절약적 생산방식이라고 할 수 있다. 완성차업체가 신차를 개발하여 생산하는 과정은 크게 제품설계, 파일럿 카 생산, 양산의 세 단계로 구성된다.[8] 한국의 자동차산업에서는 제품의 양산 이전 단계인 파일럿 카 생산 단계에서 엔지니어들이 집중적

8. 제품설계 단계가 신차를 새로 기획하고 디자인하는 단계라면, 파일럿 카 생산 단계는 본격적인 생산을 하기 전에 테스트용 파일럿 제품을 제작해 보면서 실제 양산 단계에서 어떤 문제가 발생할 수 있는지를 검토하고 수정하는 단계를 말한다. 이 단계를 거치고 나면 이제 양산, 즉 공장에서 본격적인 생산이 진행된다. 한국의 현대기아차는 2000년대 초 세계의 어느 완성차업체보다도 큰 규모의 파일럿 센터를 설치하고 여기에서 차량의 양산 과정에서 발생할 수 있는 문제들을 사전에 해결하고 있다(Kim, Jeong, and Jo, 2022).

인 노력을 투여하여 차량에서 발생할 수 있는 대부분의 문제를 해결한다. 그러고 나면, 다음 단계인 양산 단계, 즉 공장에서 실제 판매할 자동차를 대량으로 생산하는 단계에서는 거의 문제가 발생하지 않는다. 따라서 실제 생산을 담당하는 공장의 노동과정은 최대한 단순하게 설계된다. 작업장의 자동화 수준을 높이기 위해 엔지니어의 주도하에 최신의 제품개발 및 공정기술을 도입·적용하는 반면, 작업조직은 표준화·단순화하여 노동자의 숙련이 별로 필요 없는 작업장을 만드는 것이다.[9]

숙련절약적 생산방식은 실제로 외주화와 비정규직화의 기술적 토대로 작용했다. 숙련의 필요를 최소화하는 방식으로 생산과정을 설계함으로써 언제든 투입되어 일할 수 있는 비정규직이 정규직의 업무를 대체할 수 있도록 만들어온 것이다. 이에 따라 한국의 자동차산업에서는 주로 정규직 노동을 기계로 대체하거나 모듈화 등을 통해 외주화하고, 정규직 대신 비정규직을 대규모로 투입하여 수량적 유연성을 충분

---

9. 완성차업체와 그룹계열사를 통해 본격화된 이러한 생산방식은 부품업체들에게도 확산 및 강제되었다. 부품업체들에게 엄격한 품질기준을 적용하면서 이를 달성하기 위해 노동자의 숙련을 활용하기보다는 자동화 수준을 높일 것을 지속적으로 요구해 온 것이다.

히 활용하는 방식으로 생산을 진행해 왔다.

이와 같은 생산방식의 특성은 향후 미래자동차로 전환되는 과정에도 유사하게 적용될 가능성이 높다. 신기술이 도입되고, 미래자동차 및 부품개발이 진행될수록 숙련절약적이고 노동배제적 생산방식이 가속화될 수 있는 것이다. 비정규직화나 외주화가 미래자동차로 인한 공정 인원 축소와 결합하여 진행되거나, 기존 노조로 조직된 영역의 공정과 일자리가 줄어들고 미조직 부문, 비정규직 부문을 중심으로 신규사업 영역이 개척되는 등의 변화와 결합하여 전개될 가능성이 높다.

그렇다면 이러한 기술 변화가 자동차산업의 부품공급구조에는 어떤 영향을 미칠까? 우선 생각해볼 수 있는 것은 자동차산업에서 차량에 들어가는 전기 및 전자장비인 전장부품의 중요성이 더욱 증가한다는 점이다. 실제로 자동차 제조원가에서 전장부품이 차지하는 비중은 지속적으로 증가해왔다. 현재 전장부품의 비중은 자동차 제조원가의 50% 이상을 차지한다. 전장부품의 중요성 증가는 자동차산업에서 전자업체들, 그리고 IT업체들의 참여와 영향력이 확대됨을 의미한다. 소프트웨어업체, 전자업체, 네트워크업체 등 다양한 영역의 다양한 사업자들이 서로 다른 부품공급구조를 형성함으로써 기존의 기계 부문 중심의 부품공급구조가 대폭 변화할 수 있다.

한편 다양한 영역의 다양한 업체들이 부품공급구조를 형성하게 되면서 이제 업체 간 합종연횡과 산업주도권 선점 경쟁이 치열하게 전개될 수 있다. 주도권 경쟁에는 기존의 자동차업체뿐 아니라 전자업체와 인터넷업체, 서비스업체, 소프트웨어업체 등 다양한 세력이 참여할 것이다. 동종·이종 업체 간 다종다양한 경쟁과 협력이 드러나는 한 가지 양상은 활발한 인수합병이다. 기술력 있는 업체를 인수하여 신속하게 미래자동차 개발 역량을 획득하려는 시도가 이어지면서 인수합병이 급증하고 있다. 인수합병의 양상도 업종을 가리지 않고 완성차업체, 부품업체, 소재업체, 배터리업체, IT업체 등 다양한 업종을 망라하고 있다. 인수합병 이외에 동종·이종 업체 간 협력도 활발하다. 미래자동차 개발을 위해서는 자동차, 전자, 정보통신, 공공서비스 분야의 역량이 결합해야 하는데 그것을 하나의 조직이나 부문이 독자적으로 갖출 수는 없다. 업종 및 업체 간 협업체계가 필수적인 이유다.

그렇다면 이상과 같은 새로운 변화는 기존의 부품공급구조와 어떻게 상호작용할까? 2000년대 들어 한국 자동차산업에서 모듈 생산이 본격화되면서 부품공급구조에 변화가 발생했다. 모듈화가 진행되면서 완성차업체 내부의 생산 영역이 축소 또는 단순화되고 모듈의 이름으로 상당 부분 외부화되었다.

한편 완성차그룹 계열사가 주요 모듈 생산을 독점하고 부품공급 네트워크를 관장하는 이른바 '중간관리기업'으로 자리 잡았다(김철식, 2011). 중요 핵심 부품 및 핵심 모듈 부문을 인수합병 등을 통해 완성차그룹 계열사로 흡수하는 작업이 진행되었고, 그 결과 부품공급의 중요 핵심 지점을 완성차그룹 계열사들이 직접 장악하는 결과가 나타났다. 그런가 하면 비계열 부품업체들은 중요 핵심 부문으로부터 제외된 채 계열 부품업체들의 하위 혹은 외곽에 배치되는 폐쇄적인 부품공급구조가 형성되었다(조형제·김철식, 2013). 국내에서 형성된 이와 같은 방식은 해외 생산에도 변형된 방식으로 적용되었다(김철식·오중산, 2017).

조형제·정준호·김철식(Jo, Jeong and Kim, 2023)은 최근의 연구에서 현대차를 정점으로 구축된 한국 자동차산업의 부품거래 관계를 '확대된 준수직 통합'extended quasi-vertical integration으로 개념화했다. 재벌이라는 한국 특유의 기업집단 구조하에서 완성차업체와 그룹 내 계열 부품업체가 서로 다른 기업이지만 마치 하나의 기업과 같은 수직적 위계가 작동한다는 점에서 준수직 통합이라고 할 수 있지만(MacDuffie, 2013), 이러한 수직적 위계는 재벌그룹 외부로 확장된다. 따라서 완성차업체와 그룹 계열사 부품업체, 그리고 그룹 외부 비계열 부품업체까지 마치 하나의 기업에서 작동하는 것과 유사한 수직적 위계가 작동한다는 점에서 이를 '확대된 준수직 통합'이라고 하는 것이 보다 정확하다(Jo et al., 2023).

확대된 준수직 통합 관계의 특성은 폐쇄성과 종속성에 있다. 이 관계는 가치사슬의 핵심 기능은 그룹 내 계열사들이 독점하면서 비계열사의 접근을 차단한다는 점에서 '폐쇄적'이고, 부품업체들이 독자적 성장을 제약당한 채, 현대차와의 거래 관계에 전적으로 의존하면서 성장해야 한다는 점에서 '종속적'이다. 이러한 부품공급구조하에서 비계열 부품업체들은 참여를 제한당한 채, 완성차업체의 주요 비용 절감 대상이 되었다. 최근의 기술 변화는 비계열 부품업체로 모순을 집중시키는 과정을 보다 심화할 가능성도 있다.

최근 자동차산업의 환경변화에 따라 기존 자동차산업으로 포괄되지 않았던 전기전자, 소프트웨어, 통신기기 및 서비스 분야에서 신규 플레이어들이 등장하고 있다. 이들이 점유하는 영역은 대체로 완성차업체의 내부 역량이 미약한 영역이다. 따라서 이들에 대한 완성차업체의 통제 능력은 제한적일 수밖에 없다. 신규 플레이어들을 완성차업체가 제대로 통제하기 어려운 조건에서는 결국 기존의 기계부품 생산업체들에게 비용 절감 압력이 집중될 가능성이 크다. 이는 기계부품 부문 중심으로 형성되었던 자동차산업의 고용과 노동에 커다란 변화를 가져올 수 있다. 기계부품의 중요성이 감소하면서 기계부품을 생산하는 기존의 자동차부품 부문에 구조조정 압력이 가중될 수 있다. 이 부분을 중심으로 고용의 불안정성이 심화됨과 동시에 고용계약 여부가 모호한 노동형태가 증가할 수 있다. 한편 전자, IT, 소프트웨어, 통신서비스 등 다양한 업종이 자동차산업에 진입하면서 오늘날 새로이 등장하고 있는 노동형태, 즉 지금까지의 고용형식으로 분류할 수 없는 고용형태가 자동차산업에서도 증가할 것이다.

디지털 기술과 서비스업: 소매업 프랜차이즈 사례

음식숙박업, 도소매업 등을 중심으로 오늘날 프랜차이즈 사업이 성장해 골목상권을 장악하면서 자영업자들이 독자적으로 경영하는 소위 '구멍가게', '동네치킨집' 등은 급속히 줄어들었다. 자영업자가 독자적 사업을 포기한 자리에는 프랜차이즈 가맹점이 들어서게 되었고, 독립 자영업자는 프랜차이즈 가맹점주로 대체되었다.

프랜차이즈franchise란 가맹본부franchisor와 가맹점franchisee 간 계약을 기반으로 형성된 사업거래 관계를 말한다. '가맹사업거래의 공정화에 관한 법률'에 따르면 프랜차이즈란 "가맹본부가 가맹점 사업자로 하여금 자기의 상표·서비스·상호·간판 그 밖의 영업표지를 사용해 일정한 품질기준이나 영업방식에 따라 상품(원재료 및 부재료를 포함) 또는 용역을 판매하도록 함과 아울러 이에 따른 경영 및 영업활동 등에 대한 지원·교육과 통제를 하며, 가맹점 사업자는 영업표지의 사용과 경영 및 영업활동 등에 대한 지원·교육의 대가로 가맹금을 지급하는 계속적인 거래 관계"를 지칭한다('가맹사업거래의 공정화에 관한 법률', 제2조 제1호).

한국에서 프랜차이즈 사업은 1977년 치킨업체인 '림스치킨'이 가맹점 1호를 개점하면서 시작되었다. 도입기에 해당하는 1980년대는 일반적인 프랜차이즈의 정의와 달리 본부가 점포를 직영하는 형태가 대부분이었다. 1990년대를 거치면서 가맹본부와 가맹점의 계약관계가 주를 이루는 도약기를 경험하게 되고, 2000년대에 들어서면 관련 제도가 정비되고 프랜차이즈 사업이 폭발적으로 증가하는 본격적인 확장기에 접어들게 된다(이종태·성민, 2005). 공정거래위원회에 따르면, 2023년 말 등록된 정보공개서 기준 전체 프랜차이즈 가맹본부 수는 8,759개, 상표(브랜드) 수는 12,429개, 가맹점 수는 352,866개에 이른다(공정거래위원회, 2024).

프랜차이즈 사업은 제품공급과 물류, 노동과정, 품질관리 등의 제반 사업영역에서 표준화와 매뉴얼화라는 기술적 요건을 충족해야 한다. 프랜차이즈 사업을 하려면 가맹본부가 고유한 브랜드, 즉 상호와 상표를 가지고, 가맹점 영업을 위한 입지선정과 시장조사, 경영기술 개발, 상품의 개발·공급·품질관리, 판촉과 광고, 가맹점 영업활동 지원과 지도, 시장동향 분석과 정보제공, 재고조사, 회계 등 가맹점의 경영활동 전반에 대한 표준화된 틀을 마련해야 한다. 이는 해당 브랜드, 가맹본부 경쟁력의 핵심이다. 그런데 이러한 핵심 경쟁력을 실현하기 위해서는 표준화된 경영 전반의 틀이 모든 가맹점에 그대로 적용되어야 한다. 가맹점별로 다른 변이가 허용되어서는 안 된다. 이런 점에서 프랜차이즈 사업이 활성화된다는 것은 새로운 사업모델, 즉 '표준화에 근거한 사업모델'의 등장을 의미한다(김철식, 2015).

가맹본부는 자신의 고유한 틀을 가맹점에 적용할 수 있도록 다양한 방식으로 지도와 지원을 제공한다. 또한 가맹점이 본부의 표준화된 틀을 벗어나는 것을 막기 위해 다양한 감시망을 작동한다. 따라서 온라인과 오프라인, 그리고 명문화된 규칙과 규정 등을 망라하는 다양한 지도 및 감시 기제가 동원된다. 그 결과 프랜차이즈 산업 전체 차원에서 '구상과 실행의 분리' 구조가 형성된다. 즉 프랜차이즈 영업 전반을 기획·관리하는 '구상' 기능을 가진 가맹본부와, 본부의 지도와 감시하에서 본부의 지침을 그대로 적용해 고객과의 접점에서 제품 판매를 '실행'하는 가맹점 간의 분업구조가 형성되는 것이다. 그 과정에서 가맹본부로 자원과 정보가 집중될 뿐만 아니라, 이에 근거하여 의사결정의 중앙집중성이 강화되고 가맹점이 가맹본부에 일방적으로 의존하게 되는 비대칭적 의존asymmetric dependence 관계가 성립한다. 따라서 프랜차이즈 가맹본부와 가맹점 사이의 관계는 대등한 사업 자들 간의 협력적 관계라고는 말할 수 없는 일종의 종속적 이고 수직적인 관계가 된다. 오늘날 사회적 관심으로 떠오른 갑을관계는 바로 이와 같은 관계구조의 비대칭적 특성에 근 거하고 있다.

프랜차이즈에서 '표준화에 근거한 사업모델'이 성립할 수 있도록 해주는 핵심 기제 중의 하나는 '포스'POS: Point of Sales 정보시스템이다(김철식, 2018). 이 시스템은 원래 점원의 계산 오류와 부정을 방지하는 목적으로 미국에서 최초로 도 입되었다. 이를 본격적으로 활용한 것은 일본이다. 특히 일 본의 편의점 세븐일레븐에서 상품판매정보를 파악하기 위 한 통합정보시스템으로 구축되었다. 포스 시스템은 일본의 편의점이 경쟁력을 유지하는 핵심 요인 중의 하나로 평가되 기도 한다(오재환, 2017). 일본보다 늦게 프랜차이즈 사업이 시 작된 한국의 경우 대부분의 프랜차이즈 사업들에서 처음부 터 포스 시스템이 적용되었다. 이후 정보기술의 발전에 따라 보다 정교한 시스템을 구축해 나가게 되면서 포스 시스템은 가맹점 정보 파악과 표준화된 관리 시스템 구축에 있어 매우 중요한 기제로 자리잡게 되었다.

가령 대표적인 소매업 프랜차이즈인 편의점의 경우 제품이 가맹점에 공급될 때부터 이미 가격이 본부에 의해 결정된 채 포장된 완제품 상태로 공급된다. 따라서 가맹점에서 이를 다시 재구성하거나 가맹점주 재량으로 가격을 조정하는 것은 허용되지 않는다. 이런 상태에서 고객이 구매한 제품의 바코드를 포스기로 스캔하는 순간 '어느 점포에서, 어떤 날짜와 시간에, 어떤 제품을, 몇 개를 구매했는가'에 대한 정보가 실시간으로 본부에 투명하게 전달된다. 개별 가맹점의 판매와 매출, 수익, 재고 등의 정보가 실시간으로 본부에 집중되는 것이다. 따라서 포스시스템은 가맹점의 자유재량을 억제하고 가맹점의 변이를 최소화한 상태에서 중앙집중적 표준화 모델이 가맹점에 그대로 관철되도록 감시하고, 판매 정보에 기초한 전략을 수립하는 데 있어서 핵심 기제로 작동한다.

이렇게 디지털 정보기술에 근거한 중앙집중적 통제는 가맹점주 입장에서는 가맹점 운영과 경쟁력의 핵심자원이 되기도 하지만, 한편으로는 가맹점주의 자유재량을 최소화함으로써 가맹점이 가맹본부에 전적으로 의존할 수밖에 없는 종속적 거래 관계를 내재하고 있기도 하다.

　오늘날 한국 사회에서 많은 자영업자가 독자적 사업체를 운영하기보다는 프랜차이즈 가맹점주로 가맹본부와 계약하여 점포를 운영하고 있다. 이때 프랜차이즈 가맹본부와 가맹점주는 독립사업자 간의 교환관계에 기초한 대등한 사업계약을 맺는다. 동등한 당사자 간 관계에서 핵심은 각 당사자가 독자적이고 자율적으로 사업을 영위한다는 점이다. 자영업자를 자영업자라고 지칭하는 것의 핵심은 사업운영의 자율성과 독자성에 있다.

　그러나 이상의 논의에서 알 수 있듯이 실제로 표준화를 근거로 하는 프랜차이즈 사업모델에서 가맹점주가 자유재량을 발휘할 여지는 극도로 제한되어 있어 자영업자의 핵심 특징인 자율성과 독자성이 심각하게 제약받는다. 이런 조건에서 사업운영의 자율성과 독자성을 핵심 특징으로 하는 자영업자가 독립적인 사업자의 위상을 유지하기는 어렵다. 자영업자와 노동자, 거래 관계와 고용관계의 경계에 위치한, 고용의 형식을 띠고 있지 않지만 실질적으로는 고용된 임금 노동자와 많은 요소를 공유하고 있는 모호한 영역에 자영업자가 자리하고 있는 셈이다.

디지털 시대의 새로운 사업 모델: 플랫폼

플랫폼 사업은 21세기 디지털 시대를 맞이하여 새로 부상한 것으로서, 온라인 플랫폼을 형성하고 여기에 모인 사람들이 수행하는 활동과 거래를 중개하는 사업을 말한다. 플랫폼 사업 모델에서는 플랫폼 이용자들이 수행하는 자발적 활동이 데이터로 수집되어 컴퓨터화 과정을 거침으로써 '자동적으로' 새로운 가치와 수익이 창출되는 것처럼 보인다. 플랫폼 경제는 고용된 노동자들의 유급 노동에 기반해 상품과 서비스를 생산·판매하여 수익과 가치를 창출하는 기존의 경제와 구분되는, 4차 산업혁명 시대의 혁신 경제로 주목받으며 디지털 기술의 발전과 함께 급속히 확산되고 있다.

플랫폼이 부상하고 관련 연구들이 활성화되면서 플랫폼에 대한 정의도 다양해졌지만, 공통적인 핵심은 '이용자 간의 상호작용'과 '중개자'의 역할 두 가지이다. '이용자'는 플랫폼을 매개로 '상호작용'을 통해 다양한 창조적 활동을 수행한다. 플랫폼은 이용자 간 상호작용을 '중개'하면서 이용자의 활동 결과를 데이터로 수집한다. 수집된 데이터는 플랫폼 기업의 주요 수익원이 된다.

서르닉은 오늘날 등장하는 플랫폼을 크게 다섯 가지로 유형화하고 있다Srnicek, 2017. 광고 플랫폼, 클라우드 플랫폼, 산업 플랫폼, 제품 플랫폼, 그리고 린lean 플랫폼이 그것인데, 중요한 것은 이러한 유형의 플랫폼이 모두 '데이터'를 활용한 사업을 수행한다는 점이다. 각 유형은 공통적으로 플랫폼에서 획득한 데이터를 활용해 사용자 간 거래와 상호작용을 최적화한다. 또한, 데이터를 수집·가공·분석하여 새로운 데이터 상품을 개발하고 상품화함으로써 수익을 창출하며 수집·가공한 데이터에 대한 지적 재산권을 독점하여 수익원으로 활용하기도 한다. 데이터는 플랫폼 경제의 수익에 있어 핵심이라고 할 수 있다.

플랫폼 경제는 기본적으로 플랫폼에서 수행하는 수많은 이용자의 활동에서 시작된다. 이용자 중에는 플랫폼이라는 공간에서 이메일, 채팅, 블로그나 카페를 활용하거나 검색, 길찾기 등 플랫폼이 제공하는 다양한 기능들을 활용하여 타인과 의사소통하고 일상을 공유하는 자율적인 이용자도 있고, 플랫폼이 제공하는 재화와 서비스를 구매하려는 고객, 소비자도 있으며, 자신의 글이나 작품을 게시하고 플랫폼에서 그것을 판매하려는 제작자, 플랫폼을 통해 일감을 구하고 노동력을 제공하는 이른바 '플랫폼 노동자'도 있다.

플랫폼 이용자 간 상호작용 과정과 결과는 데이터의 형태로 플랫폼에 집적된다. 보다 많은 이용자가 플랫폼에 와서 상호작용하면서 더 많은 데이터를 생산할 수 있도록 플랫폼이 설계된다. 플랫폼을 통해 수집된 데이터는 투입·분석·가공되어 새로운 정보재나 서비스 상품으로 개발된다. 특히 오늘날 플랫폼을 통한 충분한 데이터의 수집, 그리고 컴퓨터 성능의 발전에 힘입어 기계 학습 등 데이터 분석의 질이 높아지면서 보다 유용한 서비스를 제공할 수 있는 결과물이 도출될 수 있게 되었다.

한편 이용자의 플랫폼 활동은 플랫폼 업체가 활용할 수 있는 중요한 이용자 네트워크가 된다. 이를 근거로 플랫폼 업체는 광고를 유치하거나 이용자에게 맞춤형 유료서비스를 제공하고, 플랫폼이 가공한 정보재와 서비스에 대해 특허나 지적재산권을 설정하여 수익을 취하며, 나아가 그러한 활동을 통해 형성한 브랜드 가치를 근거로 금융시장에서 자본 투자를 유치하는 등 다양한 방식으로 수익을 창출한다.

〈그림 1〉은 플랫폼에서 가치가 형성·이전되고 수익이 발생하는 구조를 도식화한 것이다.

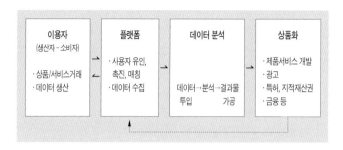

| 이용자
(생산자 - 소비자)

·상품/서비스거래
·데이터 생산 | 플랫폼

·사용자 유인,
촉진, 매칭
·데이터 수집 | 데이터 분석

데이터→분석→결과물
투입   가공 | 상품화

·제품서비스 개발
·광고
·특허, 지적재산권
·금융 등 |

| 그림 1 | 플랫폼 경제활동의 전개

플랫폼 경제활동은 어떻게 보면 데이터의 생산 및 수집
·분석·가공·상품화의 과정이라고 할 수 있다. 데이터는 플
랫폼 경제, 즉 플랫폼 기업 수익의 핵심이다. 그렇다면 플랫
폼 사업의 핵심인 데이터는 어떻게 생산되는가? 생산된 데
이터는 어떻게 활용되고 누가 통제하는가?

플랫폼이 수집하는 데이터는 플랫폼에서 활동하며 상호
작용하는 플랫폼 이용자에 의해 생산된다. 이용자는 플랫폼
이 제공하는 이메일, SNS, 블로그, 카페, 검색서비스 등을 이
용하여 스스로 콘텐츠를 생산하고, 타인의 콘텐츠에 반응하
며, 그 과정에서 자신의 신상과 관심, 선호 등에 대한 정보를
플랫폼에 제공한다. 이렇게 이용자가 생산한 데이터는 플랫
폼 기업에 무료로 제공된다.

이용자가 플랫폼 기업 수익의 핵심인 데이터를 직접 생산하지만, 정작 이용자 자신은 플랫폼을 사용하는 것을 제외하면 별다른 보상을 받지 못한다. 또한, 자신이 생산한 데이터를 어떻게 활용할 것인지를 결정하는 과정에 전혀 참여하지 못한다. 의사결정 참여는커녕, 자신이 생산한 데이터가 누구에게 넘겨져 어떻게 활용되는지 알지도 못한다.

이러한 불균형은 플랫폼 업체가 독점적으로 향유하는 데이터 통제의 권한을 민주화할 필요성을 제기한다. 디지털 시대에 사회적 중요성이 높아지고 있는 데이터의 생산 및 활용과 관련한 사회적 참여, 데이터의 공공성, 공적 활용 시스템이 디지털 시대의 중요한 쟁점으로 떠오른다.

흔히 플랫폼 기업이 가져가는 수익은 발전된 기술의 혁신적 적용에서 기인하는 것으로 인식된다. 인공지능[AI]이 상징하듯이 기계가 스스로 학습하면서 가치를 창출하고, 따라서 인간 노동의 도움 없이 '자동적으로'[automatically] 수익이 발생한다는 이미지가 강하다. 그러나 데이터를 생산하고 생산된 데이터를 학습 과정, 분석 과정에 투입하고, 분석된 데이터를 상품으로 만들어내는 과정이 기술만으로 진행되는 것은 아니다. 여기에는 수많은 인간의 노동이 필요하다. 플랫폼 이용자가 제공하는 콘텐츠 가운데 선정적, 퇴폐적인 것을 걸러내는 등 콘텐츠의 평판을 유지하고 관리하는 콘텐츠 조정contents moderation, 수많은 콘텐츠 중에서 헤드라인에 올라갈 토픽을 선택하는 토픽 트렌딩topics trending, 인공지능의 학습을 위해 데이터 투입 단계에서 수많은 데이터에 태그tag를 다는 데이터 라벨링data labeling 등을 그 예로 들 수 있다. 이러한 업무는 인공지능이 발전함에 따라 점차 기계에 의해 자동화되어 사라질 것으로 가정하지만, 인간의 노동을 기계로 대체하는 과정에서 인간이 수행해야 할 업무가 새로 나타나기도 한다.

'자동화 최종 단계의 역설'the paradox of automation's last mile이라는 것이 있다(Gray and Suri, 2019). 이에 따르면, 인간이 하던 일을 기계로 이전하는 시스템을 개발하는 과정에서, 궁극적으로는 자동화를 통해 해결해야 할 새로운 업무들이 부상하여 인간에 의해 '일시적으로' 수행된다. 전술한 바와 같은 콘텐츠 조정, 토픽 트렌딩, 데이터 라벨링 등이 이에 해당한다. 그러다가 인공지능이 해당 업무를 인간만큼 해낼 수 있을 정도로 충분히 훈련되면 그 업무는 점차 기계로 대체된다. 그런데 발전한 인공지능을 새로운 영역에 활용함에 따라 다시 인간의 노동으로 해결해야 할 새로운 업무들이 부상한다. 이처럼 자동화의 최종 단계는 자동화되어야 할 새로운 과제를 만들어내며, 이 과정이 끊임없이 반복되면서 자동화를 위해 인간의 노동이 반드시 필요한 요소가 되는 역설이 발생한다.

플랫폼의 데이터 과정에 투여되는 인간의 노동은 흔히 긱^{gig} 노동, 미세작업^{crowd} 노동으로 지칭되는 극도의 불안정 노동을 특징으로 한다. 이 영역의 과업은 미세작업으로 분할되어 노동자들에게 할당된다. 파편화·단순화된 업무로서 건당 단가가 너무 낮다 보니 아무리 일을 많이 해도 최저임금에 비견할 만한 소득조차도 올리기가 힘들다. 또한, 이러한 업무를 수행하는 노동자들의 상당수는 고용된 임금노동자라기보다는 프리랜서나 개인사업자, 혹은 플랫폼 회원으로 간주되어 임금노동자를 보호하는 근로기준법을 적용받지 못하는 등 노동권으로부터 배제된다. 나아가 이들은 데이터와 기술의 자동화된 작동 이면에서 드러나지 않은 채로 노동을 수행한다는 점에서 '유령 노동'$^{ghost work}$으로 지칭되어 사회적 관심에서 제외되기도 한다(Gray and Suri, 2019; 하대청, 2018).

• 4장 •

노동의 탈경계화

앞에서 논의했듯이 현대사회에서 급격한 기술 변화는 노동의 모습을 급격히 변화시켰고, 그에 상응하여 사람들의 일상생활 또한 급격히 변화시켜 왔다. 그렇다면 지금 진행되고 있는 디지털화는 어떠할까? 그것은 노동에 어떠한 영향을 미치며 사람들의 일상생활을 어떻게 바꾸고 있는가?

디지털화가 가져다줄 장밋빛 환상을 그려보기도 하지만, 한편으로 그로 인한 일자리의 상실과 대량실업의 두려움이 제기되기도 한다. 이러한 양극단의 전망 이전에 실제 노동의 모습은 어떻게 나타나는지, 노동양식이 어떤 변화를 겪는지, 노동권을 어떻게 재규정해야 하는지를 차분히 검토할 필요가 있다.

디지털 기술은 일자리를 빼앗을까?

디지털 기술과 노동의 관계에 대해 가장 많은 논의가 진행되는 영역은 디지털 기술이 일자리의 양에 미치는 효과이다. 이와 관련해서는 주로 디지털 기술이 일자리에 부정적영향을 미칠 것으로 인식된다. 다시 말해 디지털 기술이 대규모 일자리 축소로 이어질 것이라는 전망이 지배적이다.

가령 프레이와 오스번(Frey and Osbourn, 2015; 2017)은 디지털 시대에 기계가 인간 노동을 대체할 것으로 예측한다. 이들에 따르면, 미국 일자리의 절반이 자동화에 취약한 고위험 범주로서 다가오는 20년 이내에 자동화될 것이다. 한편 서비스 로봇 시장이 최근 급격히 성장하고 있는데, 그로 인해 디지털 기술은 운송·물류직, 사무 및 행정 지원직, 생산직과 더불어 기존 기술의 위협을 덜 받았던 서비스직업의 상당 부분을 자동화할 것으로 전망한다.

서스킨드와 서스킨드(Susskind and Susskind, 2015)는 일자

리 축소 및 대체의 측면에서 디지털 기술이 이전과 다른 것은 육체노동, 생산직뿐만 아니라 전문직 일자리도 대체할 것이라는 점에 있다고 지적한다. 한편 포드(Ford, 2016)는 디지털 기술의 발전으로 기계-노동관계가 근본적으로 변화했다고 본다. 기계가 노동을 대체하면서 이제 기계가 그 자체로 노동이 되기 때문에 대량실업은 필연적이라는 주장이다.

브린욜프손과 맥아피(Brynjolfsson and McAfee, 2014)에 따르면, 디지털 기술의 발전은 사람들의 소비나 소득의 관점에서는 긍정적 변화를 가져올 수도 있지만, 경제구조, 노동의 측면에서는 매우 부정적 결과를 가져올 수 있다. 기술 발전은 실업과 양극화를 낳을 것이며 기계에 의한 노동 대체는 필연적이다. 따라서 이들은 "기계를 축출하기보다는 기계와 경쟁해야" 한다고 주장한다(Brynjolfsson and McAfee, 2011).

이러한 논의들에서 알 수 있듯이 오늘날 디지털 기술과 관련한 사회적 담론들은 대부분 디지털 기술이 노동을 대체하면서 일자리의 대폭적인 감소가 발생할 것이라는 부정적인 전망을 내놓고 있다.

디지털 기술과 일자리의 성격

일자리의 대규모 축소를 전망하는 논의들은 대체로 디지털 기술에 대한 기술결정론적, 비정치적 접근에 기초하고 있다. 그러나 디지털 기술이 단순히 기술적 논리로만 작동하는 것은 아니다. 오히려 디지털 기술이 활용되는 정치경제적 맥락, 권력 관계가 어떻게 디지털 기술에 영향을 미치는지를 분석할 필요가 있다. "기술은 그것을 만든 사람들만큼 좋은only as good as their makers" 것이다(Wajcman, 2017).

오늘날 디지털 기술 발전의 변함없는 기초는 자본주의 이윤 추구이다(Wajcman, 2017; Spencer, 2017). 이윤 추구의 관점에서 볼 때 디지털 기술은 임금노동을 줄이지 않고 오히려 유지하거나 늘려왔다. 디지털 기술이 노동을 대체하는 것이 가능한 경우에조차 잉여가치 획득을 위해 저렴한 노동을 사용하려는 경향이 있다. 이런 점에서 디지털 기술을 '탈물신화'de-fetishizing할 필요성이 제기된다(Spencer, 2017). 디지털 기술의 진보에도 불구하고, 실제로는 그것으로 인해 더욱 많은, 그리고 보다 나쁜 일자리가 미래에 창출될 수 있는 것이다.

따라서 일자리의 감소냐 증가냐 하는 일자리 양에 대한 논의를 넘어 디지털 기술이 만들어내는 일자리의 성격에 대한 논의가 필요하다. ILO는 "노동의 미래에 대한 관심은 기술이 작업장에서 인간을 대체할 것인가, 만약 그렇다면 글로벌 차원의 노동 과잉 확대 상황에서 무엇을 할 것인가에 집중해왔다. 어떤 유형의 일자리들이 창출될 것인지, 이러한 일자리들이 '좋은'decent 일자리가 될 것인지에 대해서는 관심이 별로 없다"고 지적한다(Berg et al., 2018: 1). 실제로 일자리 감소와 대체에 관한 논의들은 "디지털 기술이 노동을 축소하는 것이 아니라 나쁜 일자리들을 촉진하는 방식에 대해서는 다루지 않는다"(Wajcman, 2017: 124).

디지털화에 따른 노동의 미래에 대한 주목할 만한 연구에서 베나나브(Benanav, 2020)는 디지털화가 대량실업의 위험을 유발한다는 담론에 반박한다. 그에 따르면 오늘날 글로벌 노동 수요를 위축시킨 것은 기술이 유발한 일자리 파괴가 아니라 경제 성장의 지체에 따른 일자리 창출률의 둔화에 있다. 그는 오늘날 디지털 기술의 발전을 '이윤 주도 기술 진보'profit-driven technological advances로 파악한다(Benanav, 2020: 41). 오늘날 기업의 기술 개발 초점은 이윤에 있으며,

이때 노동은 여전히 저렴하고 풍부하며, 쉽게 착취되는 형태로 남는 경향이 있다. 따라서 오늘날 낮은 노동 수요는 대량실업으로 인한 것이 아니라 오히려 만성적인 불안정 고용 underemployment 으로 나타난다고 그는 주장한다. "오늘날 우리는 일자리가 없는 미래"가 아니라 "좋은 일자리가 없는 미래로 향하고 있다"(Benanav, 2020: 46).

한국의 경우 외환위기 이후 신자유주의적 구조조정과 노동시장 유연화가 본격화되었고, 그 결과 상대적으로 '괜찮은 일자리'decent jobs가 줄어들고 비정규직으로 상징되는 불안정한 일자리가 확산되었다. 또한, 노동자 간 격차가 증가하고 노동과 삶의 불안정성이 심화되는 과정을 겪었다. 정규직이 비정규직으로 대체되고 비정규직 일자리가 확산되는 현상이 광범위하게 나타남에 따라 이제 비정규직은 일상적인 것이 되었다. 과거에는 정규직 일자리였던 것이 비정규직 일자리로 전환된 경우도 많지만, 지금은 오히려 그런 일자리들이 처음부터 비정규직이 담당해 온 것 같은, 그래서 비정규직이 담당하는 것이 자연스럽게 느껴지는 현상도 발생하고 있다. 더욱이 비정규직 내에서도 직접고용, 간접고용, 특수고용 등 다양한 노동형식의 분화가 발생하고 비정규직으로 규정하기도 쉽지 않은, 다양한 불안정 노동도 많이 나타나고 있다.

이렇듯 노동시장 유연화가 일상적인 현상으로 당연시되는 가운데 비정규직 또한 분화되고 다양화되는, 일종의 고용의 파편화 현상이 나타나고 있다. 그 가운데 노동자들의 오랜 투쟁으로 획득한 권리를 보장받는, 제도적으로 보호받는 영역은 축소되고, 대신 노동권으로부터 배제되는 집단, 제도적으로 보호받지 못하는 영역이 갈수록 창출되고 있다. 최근에는 기후위기와 디지털화 경향으로 산업 전환, 노동 전환 논의가 등장함에 따라 플랫폼 노동과 같은, 기존의 임금노동의 틀로 설명하기 어려운 다양한 노동형태가 등장하고 있다.

이렇듯 오늘날은 임금노동의 축소가 아니라 다양한 노동 양상으로 고용이 파편화되고 불안정한 노동이 당연시되는 현상이 발생하고 있다. 이는 오늘날의 고용 문제가 실업이라는 일자리 '양'의 문제가 아니라 불안정 노동이라는 일자리 '질'의 문제가 핵심이 되고 있음을 함의한다.

노동 시공간의 탈경계화

언급했듯이 디지털 시대가 되면서 기존의 틀로는 파악하기 힘든 다양한 일자리들이 생겨나고 있다. 이와 더불어 기존의 일자리들도 디지털 기술의 발전에 따라 그 성격이 변화하고 있다. 여기서 주목할 만한 점은 이러한 변화들이 제각각으로 진행되는 것이 아니라 일정한 경향성을 갖는다는 사실이다. 즉 노동의 시간과 공간, 임금노동과 자영업의 경계가 모호해지는 이른바 '노동의 탈경계화' 경향이 나타나고 있다.

노동의 탈경계화는 두 가지 측면에서 진행되고 있다. 우선, 오늘날 노동의 시공간적 경계가 무너지고 있다. 먼저, 안정적인 노동시간의 경계가 무너지고 있다. 정보통신기술이 발전하면서 많은 직장인들이 퇴근 이후의 시간에도 SNS나 이메일 등을 통해 고객으로부터, 직장동료나 상급자로부터 제기되는 민원과 업무 요구를 처리해야 하는 부담을 안게 되었다. 플랫폼 노동 중에서 많은 노동자들은 온라인 플랫폼 상에서 실시간으로 주어지는 일감을 즉시 선택하고 수행하기 위해 일상적으로 온라인 플랫폼을 켜놓고 대기해야 한다.

또한, 노동을 수행한 후에도 계속 고객의 민원에 대응하거나 고객평가에 대한 사후조치를 취하기 위해 플랫폼을 떠나지 못한다. 이 경우 언제부터 언제까지를 노동시간으로 계산해야 할 것인지가 모호하고 노동시간과 노동으로부터 벗어난 여가 시간을 구분하기가 어렵다.

한편, 많은 온라인 플랫폼은 플랫폼으로부터 발생하는 데이터를 플랫폼 업체의 수익원으로 활용하고 있다. 플랫폼 기업이 획득하는 데이터의 많은 부분은 플랫폼 이용자들의 자발적이고 일상적인 활동에서 나오는 것이다. 이용자들은 플랫폼에서 사람들에게 메일을 쓰고 필요한 정보를 검색하며, 블로그에 글을 올리거나 댓글을 달면서 타인과 소통한다. 이렇게 이용자들이 일상적인 활동을 통해 만들어낸 데이터는 플랫폼 기업이 독점한다. 플랫폼 기업은 수집한 데이터를 인공지능AI의 학습이나 새로운 상품 개발, 맞춤형 광고, 추천 알고리즘 등에 투입하여 수익을 창출한다. 이렇게 사람들의 일상적 활동이 자본의 수익 영역으로 포섭되어 부가가치를 생산하는 노동이 된다. 이 과정에서 플랫폼 이용자의 일상적인 활동은 플랫폼 기업을 위한 노동시간과 구분되지 않는다.

노동시간의 경계가 무너지는 현상은 다시 노동의 공간적 경계가 무너지는 현상과 연결된다. 노동시간과 여가 시간의 구분이 모호해지면서 여가 시간을 영위하는 일상의 공간, 비노동의 공간은 다시 노동의 공간, 작업장이 되기도 한다. 언급했듯이 비노동 시간에 SNS나 이메일 등을 통해 수행하는 업무는 전통적 노동의 공간이 아닌 곳에서 즉 일상생활을 영위하는 공간에서 수행된다. 플랫폼 노동을 위한 온라인 플랫폼의 공간은 노동의 공간이기도 하지만 일상생활이 영위되는 공간이기도 하다.

고용과 비고용의 탈경계화

노동의 탈경계화의 두 번째 측면은 고용 및 일자리 변화와 관련된다. 오늘날 일자리의 변화 방향이 임금노동과 비임금노동, 고용과 자영의 경계 지점으로 수렴하면서 그 경계가 모호해지는 현상이 나타나고 있다. 이런 의미의 노동의 탈경계화는 크게 세 방향에서 진행되고 있다. (〈그림 2〉 참조).

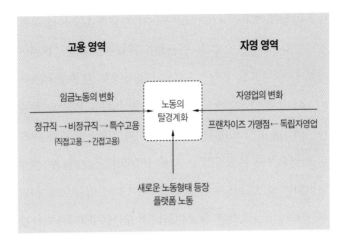

| 그림 2 | 노동의 탈경계화 경향

　먼저 오늘날 노동권의 근거가 되는 고용관계 자체가 점차 모호해지는 경향이 나타나고 있다. 우선 직접적 고용관계, 정규적 고용관계가 줄어들고 있다. 특정 조직에 자신의 노동력을 팔아 작업장에서 사용자 및 관리자의 지휘 아래 노동을 수행하고, 그 대가로 해당 조직으로부터 급여를 받는 이른바 '정규직' 고용은 점차 그 비중이 줄어들고 있다.[10]

10. 특히 대기업 정규직의 경우 입사할 수 있는 취업 경로가 사실상 폐쇄된 상태에서 연이은 퇴직자 발생으로 그 규모가 줄어들어, 이제 전체 노동시장에서 섬처럼 고립되었다. 더욱이 그것은 귀족노동자, 귀족노조 담론의 집중포화를 맞으면서 사회적, 이데올로기적으로도 고립된 상태이다.

정규직이 줄어든 대신 비정규직이 확대됐다. 비정규직 중에서도 해당 조직에 직접 고용된 직접고용 비정규직뿐만 아니라, 사내하청, 용역, 파견 등의 형식으로 노동을 수행하는 간접고용 비정규직도 상당하다. 간접고용 비정규직의 경우 작업장에서 자신을 지휘·통제하는 사용자와 실제 자신을 고용한 사용자가 달라서 진짜 고용주가 누구인지가 고용관계의 중요 쟁점이 되었다. 한편, 학습지 교사나 화물차 운전자, 배달기사와 같은 특수고용의 경우 고용계약 자체가 생략된다. 고용된 노동자처럼 작업장에서 사용자의 지휘와 통제를 받지만, 고용계약이 아니라 독립적 사업자로서 사용자와 사업계약을 맺고 업무를 수행하는 것이다.[11] 정규직 고용이 중심이었던 노동시장이 비정규직 중심으로 변화하고, 비정규직 중에서도 직접고용뿐만 아니라 간접고용 비정규직이 증가하고, 나아가 고용관계 형식 자체를 생략하고 있는 특수고용이 확산되는 현상은 오늘날 '모호한 고용관계'가 확산되고(이주희 외, 2015), 임금노동 관계가 비가시화되고 있

---

11. 특수고용의 경우 이른바 '노동자성' 여부가 사회적 쟁점이 되고 있다. 독자적인 사업을 하는 사업가로 간주해야 하는지 아니면 사실상의 노동자로 간주하여 근로기준법을 적용해야 하는지가 논란이 되는 것이다.

음을 잘 보여준다.

전통적인 고용, 임금노동의 형식이 약화되는 경향과 반대로, 한편에서는 그동안 임금노동 영역 외부에 존재했던, 독립적인 존재로 자율적으로 자신의 사업을 수행한다고 생각되던 자영업자가 사용자에 종속된 임금노동자와 유사하게 변화하는 경향이 나타나고 있다. 동네에서 구멍가게, 치킨집, 커피점 등의 점포를 운영하던 자영업자들은 이제 대부분 대기업 프랜차이즈 가맹본부에 종속된 프랜차이즈 가맹점주가 되었다. 가맹본부가 규정하는 표준화된 사업 및 운영 절차를 그대로 따라야 하는 가맹점주는 더는 독자적인 사업을 자율적으로 운영하는 독립 자영업자라고 보기 어렵다(김철식, 2015). 고용관계, 자본주의 노자관계 외부에 존재하던 자영의 영역이 내부로 포섭되면서, 고용관계, 임금노동 관계의 영역이 확장되는 경향 역시 주목할 만하다.

마지막으로 임금노동과 자영업의 경계 지대에, 임금노동의 성격이 모호한 새로운 일자리가 대규모로 생겨나고 있다. 디지털 기술이 발전하면서 새롭게 등장하고 있는 플랫폼 노동이 대표적인 사례이다. 플랫폼 노동은 온라인 플랫폼을 매개로 수행되지만 플랫폼 기업은 플랫폼 노동자를 고용하지 않는다. 플랫폼은 플랫폼 노동자와 이들의 노동을 소비하고자 하는 플랫폼 수요자 사이의 거래를 중개할 뿐이다. 따라서 플랫폼 노동자는 플랫폼 기업에 고용된 노동자가 아니라 단지 플랫폼을 매개로 소비자와 거래하는 사업자의 형식을 취하는 경우가 많다. 심지어 플랫폼 노동자는 자신을 노동자나 사업자가 아니라 플랫폼의 이용자, 플랫폼 회원으로 인식하기도 한다. 이렇게 노동이 수행되지만 노동자를 고용한 주체가 없는, 비고용non-employee 형식의 노동이 오늘날 광범위하게 등장하고 있다.

노동의 탈경계화 경향은 오늘날 노자관계가 은폐됨과 동시에 확장됨을 함의한다. 직접적인 노자관계 영역, 다시 말해 근로기준법이나 노동3법 등 노동법의 규제를 받는, 노동권이 공식적으로 보장되는 영역은 그 형식이 모호해지면서 약화되지만, 실질적으로는 노자관계의 영역, 자본의 통제 영역이 확장되고 있다. 그 결과 노동권을 보장받는 노동이 줄어들고 권리를 상실한 노동자층이 확장되면서 노동권의 상실이 심화되고 있다.

노동의 탈경계화는 오늘날 고용에 근거한 노동권이 약화되고 있음을 함의한다. 자본주의 역사에서 고용에 근거한 사회보호제도와 노동권은 임금노동자들의 투쟁을 통해 임금노동을 중심으로 발전해 왔다. 20세기 들어 확립된 임금 중심 사회는 임금노동, 고용을 중심으로 노동권이 부여되는 대표적인 사회제도라고 할 수 있다. 그런데 오늘날 노동의 탈경계화가 진행되면서 임금노동에 근거한, 고용에 근거한 사회보호제도와 노동권이 더는 기능을 발휘하지 못하는 상황이 전개되고 있다.

디지털 시대의 노동 통제: 경쟁의 가시화와 통제의 비가시화

디지털 기술의 적용은 사람들이 일하는 작업공간의 풍경을 바꿔 놓았다. 이와 관련하여 중요한 지점은 디지털 기술이 노동자를 어떻게 통제하는가 하는 점이다. 실제로 디지털 기술이 노동과정에 적용되면서 노동자들 간의 경쟁이 심화될 뿐만 아니라 경쟁이 보다 가시화되는 경향이 나타나고 있다.

온라인 플랫폼은 그 전형적인 사례에 해당한다. 플랫폼 노동은 진입장벽이 낮아 누구나 플랫폼상에서 간단히 등록

만 하면 일거리를 얻을 수 있다. 진입장벽이 낮다 보니 노동자 간 경쟁이 극심해지는 경향이 있다. 더욱이 플랫폼은 경쟁을 가시화한다. 일감이 생기면 온라인상에서 바로 알림이 뜨고 그것을 가장 먼저 선택하는 사람이 해당 업무를 수행하게 된다. 고객이 서비스 노동자에게 별점을 부여하는 별점평가 제도가 운영되는 플랫폼이 많은데, 이 경우 노동자들의 별점이 모두 비교되면서 노동자 간 경쟁을 자극하게 된다. 이렇게 플랫폼은 노동자 간 비교를 가시화하고 경쟁을 심화시킨다.

경쟁은 가시화되지만, 노동 통제는 비가시화된다. 플랫폼 노동에서는 사용자나 관리감독자가 직접 노동과정을 지휘하면서 노동자에게 지시하거나 감독하지 않는다. 대신 전자적 장치를 통해 노동자의 작업과정과 결과가 감시되고 데이터로 축적된다. 플랫폼에 축적되는 데이터와 고유한 알고리즘, 별점 등으로 주어지는 고객의 주관적 평가가 노동자를 평가하고 업무를 할당 및 배치하며 수익을 배분하는 주요 기제가 된다. 그러나 알고리즘이나 고객 평판이 어떻게 노동자들을 평가하고 업무와 수익을 배분하는지는 공개되지 않고 블랙박스에 가려져 있다. 노동자들은 알고리즘이 어떻게 구성되는지, 자신이 어떻게 평가되는지 알 수가 없다. 자신의 평점을 알 수 있다 하더라도 왜 그런 평점이 주어지는지 알 수가 없다.

알고리즘이나 고객 평판에 의한 평가는 사용자나 관리감독자에 의해 결정되는 인격적 평가가 아니라 기계적 과정을 거쳐 결정되는 비인격적 평가이다. 누가 일부러 의도적으로 특정 노동자를 배제한다거나 불이익을 주는 등의 주관적 통제가 아니라 데이터에 근거한 기계적·도식적 절차를 통해 합리적 방식으로 통제가 진행된다는 점에서 기술적 통제이자 객관적 통제라고 할 수 있다. 합리화된 객관적 통제에 대한 동의가 형성되고 보다 좋은 평가를 받기 위해 노동자들이 자발적으로 자신을 규제하고 동원하는 '자기 통제'가 작동하기도 한다.

디지털 시대의 유령 노동

유령 노동은 디지털화가 진전되면서 새롭게 주목받게 된 개념이다. 인공지능, 자동화, 스마트화가 진행되면서 사람의 개입 없이 기계가 스스로 작동하는 무인 작업장의 이미지는 이미 낯설지 않다. 인공지능이 상징하듯이 온라인 플랫폼에서는 기계가 학습하면서 스스로 수익을 만들어내는 것이 당연시된다. 실제 자동화된 기계, 온라인 플랫폼이나 인공지능 시스템을 운영하기 위해서는 수많은 인간 노동이 필요하지만, 자동화된 공장이라는 이미지, 즉 기계가 스스로 학습한다는 이미지에 가려 인간 노동은 드러나지 않는 경향이 있다. 유령 노동은 이처럼 필수적이지만 자동화, 디지털화 과정 이면에 숨겨진 노동을 지칭한다.

유령 노동은 단지 디지털 플랫폼에서만 존재하지 않는다. 이전부터 유령 노동이란 용어는 노동이 분명히 존재하지만 마치 존재하지 않는 것처럼 간주하는 사회적 인식이나 관습·관행을 폭로·비판할 때 사용되었다. 가령 프랑스의 기자인 오브니스(2010)는 취재를 위해 청소 노동자로 취업한 자신의 경험을 소개하면서, 청소 노동자들이 시설관리 노동을 수행함에도 불구하고 사람들이 이들을 인식하지 못하는 현실을 폭로했다. 대학 청소 노동자들의 현실을 폭로한 국내의 한 책에서는 청소 노동자들이 우리 사회에 분명히 존재하지만, 이들을 부재한 것으로 취급하고 있음을 지적하면서, 이들을 '유령'으로 지칭했다(김동수, 2020).

한편 톰킨스(Tompkins, 2016)는 주로 이주 노동자로 구성된 농업 노동자를 지칭하는 용어로 미국의 일부 지역에서 비공식적으로 사용되어 오던 유령 노동자ghostworkers라는 표현을 자신의 저서의 제목으로 가져왔다. 이에 따르면, 유령 노동자로서 농업 노동자는 주로 가난하고 정주하지 못하며 계속 이동하는 작업패턴을 보인다. 또한, 노동을 보호하는 법과 제도에서 배제되어 있고, 때로는 미등록 노동자 처지에 몰리는 등 상대적으로 다른 산업 노동자에 비해 마땅히 누려야 할 권리에서 배제되어 있다.

최근에는 한국 어느 물류센터의 노동이 전형적인 유령 노동의 사례로 부각된 적이 있다. 물류센터는 창고라는 무인화된 이미지를 바탕으로 물류 적재의 최적화를 위한 공간배치를 고려해서 설계된다. 물류 최적화를 중심으로 기계와 설비가 배치되고, 설비와 공간의 효율적이고 안정적인 배치와 사용을 중심으로 만들어지는 작업장에서 인간의 작업조건과 권리는 부차적일 수밖에 없다(김철식 외. 2021).

이렇듯 유령 노동이라는 개념은 인간의 존재, 노동이 존재함에도 불구하고 그 존재를 인식하지 못하거나 부정하는 상황에 주로 적용된다. 인간 노동의 존재가 부정되면서 노동자들의 노동과 삶의 권리는 부수적인 것이 된다. 오늘날 유령 노동은 단지 디지털 플랫폼 공간에서 새로운 형태로 출현하는 노동에 국한되는 것이 아니라, 기계 중심의 작업장, 인간의 노동권을 부차화하는 작업장이라면 어디서나 나타날 수 있다.

노동자 정체성의 약화

노동의 탈경계화는 한편으로 노동자 정체성의 약화를 함의한다. 임금노동, 고용의 형식이 모호해지고, 그로 인해 노동과 결부된 권리로부터 배제된 노동이 확산되면, 해당 노동자들이 자신의 일자리에 대해 갖는 애착이 떨어질 수밖에 없다.

필자는 중소기업 제조업 중심의 공단지역 남성 청년 노동자들을 대상으로 한 사례연구에서 노동자들이 열악한 주거 및 노동 현실에 대해 저항하거나 목소리를 내기보다는 그러한 현실을 수용하도록 하는 기제로 '과도기적 인식'

transitional perception을 제기한 바 있다(김철식·김준희, 2016). 과도기적 인식이란 "지금의 노동을 장기적으로 자신의 경력을 쌓아나가야 할 것으로 생각하기보다는, 오히려 더 나은 미래를 위해 일시적으로 감내해야 할 것으로 간주하는 경향"을 말한다(김철식·김준희, 2016: 267~268). 노동자들이 지금 자신의 노동을 일시적인 것으로 간주하여 장기적으로는 그곳을 떠나야 한다고 생각하는 상황에서는 현재의 일자리에 근거한 노동자 정체성이 형성되기 어렵다. 지금의 일자리와 분리된 준거집단이 형성되고, 지금 자신이 수행하는 노동과 직장은 내 정체성과는 무관한 것이 된다.

이렇듯 과도기적 인식 개념은 오늘날 다양한 불안정 노동에 종사하는 많은 노동자들의 노동의식과 정체성을 설명하는 데 있어 유용한 개념이다. 소위 '3D' 업무에 종사하고 있는 많은 이주 노동자, 열정페이를 강요당하는 불안정 청년 노동자, 비정규직을 비롯한 다양한 불안정 노동에 종사하는 노동자들은 불안정 노동의 특성상 지금의 직장을 언제까지 다닐 수 있을지, 지금의 노동을 언제까지 수행해야 할지 그 전망을 찾기가 쉽지 않다. 이런 조건에서 지금의 노동과 직장에 애착을 갖고 자신의 정체성을 형성하기는 어렵다. 이렇

듯 탈경계화 시대에 노동자로서의 정체성은 점차 모호해지
고 있다.

보다 근본적으로 오늘날 노동자 정체성의 약화는 금융
세계화 및 소비주의 확산과도 관련이 있다. 소비사회가 진전
되면서 노동보다는 소비를 중시하는 사회, 노동보다는 소비
를 통해 자신의 정체성을 추구하는 경향이 등장하고 있음을
지적하는 연구들이 있다(Bauman, 2004). 또한, 오늘날 금융
세계화가 진전되면서 금융투자의 논리가 사회를 주도하게
된 결과, 법인기업의 금융투자가 늘어나면서 산업자본의 잉
여가치가 금융이윤의 원천으로 작용하는 것도 노동자 정체
성의 약화와 무관하지 않다(윤종희, 2015).

한편 개인과 가계의 저축과 자산이 투자의 대상이 되고
노동자와 시민이 금융투자의 주체가 되는 '가계의 금융화'
가 진행됨에 따라(김도균, 2018; 김명수, 2020) 저축을 통해 자
산을 축적하는 것이 힘들어졌다. 이제 노동자는 저축보다는
주식, 부동산 등에 투자하여 자산증식과 노후보장을 도모하
는 경향을 보인다. 또한, 장기고용의 전망을 가질 수 없는 어
려운 최근의 상황에서 개인은 자신의 노동력, 인적자본의 질
에 대해 지속적으로 투자해야 한다(박상현, 2012). 그 결과 노

동자보다 소비자와 투자자로서의 위상이 뚜렷해지는 개인의 '복수 정체성multiple identity'이 형성된다(이찬근, 2008). 노동자 정체성보다 소비자나 투자자 정체성이 강화되는 경향이 나타나고 있는 것이다.

5장

경계를 넘어서:
디지털 시대, 노동의 전망

노동의 탈경계화는 노동의 시공간 경계, 고용과 비고용의 경계가 모호해지는 현상을 말하지만, 그렇다고 자본주의적 노동이 사라지는 것은 아니다. 오히려 그것은 실질적으로 임금노동, 고용된 노동과 유사한 일을 수행하지만, 탈경계화로 임금노동의 형식이 모호해져 정작 임금노동자, 고용된 노동자가 행사할 수 있는 권리로부터 배제되는 현실의 모순을 보여준다. 이런 점에서 노동의 탈경계화는 어떻게 보면 디지털 시대 노동권의 후퇴를 의미한다. 그렇다면 이러한 현상은 필연적일까? 디지털 시대의 노동권 후퇴를 극복할 수 있는 다른 방법은 없을까? 5장에서는 디지털 시대에 부응하는 새로운 노동권의 구성을 제안하면서 작금의 현실을 넘어설 수 있는 단초를 모색해 본다.

기술은 주어진 것이 아니다: 기술에 대한 사회적 통제

오늘날 디지털이라는 기술이 사회에 큰 변화를 가져오고 있다면, 우선 다음과 같은 질문을 던져 볼 필요가 있다. 즉, 기술이란 무엇인가? 기술은 인간의 삶에서 어떤 의미를 지니는가? 기술의 발전을 어떻게 이해해야 하는가?

흔히 우리는 기술은 발전하면 발전할수록 좋다고 생각하는 경향이 있다. 기술이 발전하면 생산력이 높아지고 더 많은 인간의 욕구를 충족시켜 줄 수 있으므로 기술 발전은 그 자체로 좋은 것으로 가정한다. 이러한 시각은 보통 '기술결정론'technological determinism으로 연결된다. 기술은 '이미 주어진 것'으로 가정되고 주어진 기술이 사회에 어떤 영향을 미치는지를 강조한다. 이제 논의의 초점은 주어진 기술에 가장 효율적인 조직구조와 노동 배치를 어떻게 할 것인가에 집중된다.

이런 접근방식은 기술에 대한 가치중립적 견해로서 기술 자체의 옳고 그름을 따지지 않고 기술의 사용 목적을 문제시하지 않는다. 왜 이런 기술이 발전했는지, 왜 이런 기술을 채택했는지에 대해서 질문하지 않는다. 특정 기술이 채택되고 발전하는 정치적 이유는 고려하지 않는 것이다.

이와 같은 기술결정론을 비판하면서 제기되는 논의가 기술에 대한 '사회 구성론적 접근'Social Construction of Technology이다(Bjiker, Hughes and Pinch, 1987; 송성수, 1999). 기술을 사회적 과정의 일종으로 보는 이러한 접근법은 기술결정론에 입각하여 기술의 사회적 영향만을 강조하는 기존의 논의를 비판하고 기술 변화의 과정에 정치적, 경제적, 조직적, 문화적 요소가 개입하는 현상을 분석한다.

사회 구성론적 접근에서는 기술의 선택을 강조하는데(Noble, 1979), 특정 기술에 대한 선택의 필연성보다는 상황구속성, 가역성을 강조한다. 그 과정에서 특정 기술이 채택 및 발전되는 정치적 이유를 고려하지 않는 기술에 대한 가치중립적 견해를 거부한다. 기술은 다양한 방식으로 발전할 수 있지만, 현실에서는 특정한 기술만이 선택되어 발전한다. 물론 특정한 기술이 선택되는 배경에는 관련 사회집단의 이

해관계가 반영된다.

예를 들면, 오늘날 가장 많이 사용되는 컴퓨터 운영체제는 MS사의 윈도우Windows이다. 그런데 컴퓨터 운영체제에 꼭 그것만 있는 건 아니다. 맥Mac이란 기술도 있고, 윈도우에 대항하여 사용자들이 직접 프로그램을 개발하고 공유하는 운영체제로서 리눅스LINUX도 있다. 그러면 여러 대안적 운영체제 기술 중에서 어떻게 윈도우가 다수를 점유하는 기술로 발전했을까? 여기에는 자본주의 이윤의 논리가 작동한다. 거대 독점기업이 수익을 최대한 획득하기 위해서는 자신의 기술을 일반화해야 하기 때문에, 시장에서 자신의 운영체제를 일반화시키기 위한 기업 간 경쟁이 치열하게 전개된다. 그 와중에 시장경쟁에서 우위를 점한 특정 기술이 선택된다.

이런 식으로 다양한 기술들 중에서 특정한 기술이 선택되어 발전한다. 그런데 기술의 선택 과정에는 사회적 권력관계가 반영된다. 개별 조직 차원에서 보면 내부의 유력한 조직 구성원의 이해를 반영한 기술이, 전체 사회 차원에서 보면 사회의 유력한 구성원들의 이해가 반영된 기술이 선택되어 발전하는 것이다.

이와 관련하여 노블Noble의 논의를 주목할 필요가 있다.

그는 1979년에 출판된 논문에서 작업장에서 공작기계 자동화 기술이 발전하게 된 이유를 전략적 선택의 관점에서 설명하고 있다. 작업장에서 공작기계의 자동화가 진행되었을 때 그것이 반드시 지금과 같은 '수치제어'nutrimetical control: N/C 기계로 전개될 필요는 없었다. 대안적 기술로 '기록재생' record-playback 시스템도 있었는데, 이는 보다 높은 수준의 자동화를 구현하지만, 기계공이 노동과정에 대한 통제권을 갖게 되는 방식이었다.

반면에 수치제어 기계는 컴퓨터 프로그램에 따라 작동하기 때문에 설계와 구상 기능이 모두 사무실에서 이뤄짐으로써 숙련기계공을 무용지물로 만들고, 생산에 대한 사용자의 통제권을 높이는 방식이다. 결국, 지금과 같은 수치제어 기계가 발전하게 된 것은 경제적·기술적 가능성을 고려한 것이 아니라, 사용자가 노동과정을 통제하기 위해 계획적으로 선택한 결과였다는 것이다.

이렇게 보면, 기술은 단순히 주어진 것이 아님을 알 수 있다. 오히려 기술은 사회가 만들어낸다. 어떤 기술이 어떻게 만들어지고 채택되며, 또 그것이 어떻게 활용되는가는 사회적 과정에서 구성되는 것이다.

이러한 논리는 현재의 디지털 기술에도 적용될 수 있다. 오늘날 디지털 기술의 잠재력과 사회적 파급효과를 검토함과 동시에 그러한 디지털 기술이 어떤 사회적 맥락에서 나오고 발전하고 있는지, 보다 민주적인 방식으로, 보다 많은 사람에게 행복을 가져다주는 방향으로 기술을 구성할 수 있을지, 나아가 지금 주어진 기술을 어떻게 인간적 방식으로 조정하고 재구성할 수 있을지를 질문하고 그에 대한 사회적 논의를 진행해야 할 필요가 있다.

이윤이 주도하는 기술 진보를 넘어서

디지털 기술은 사회적으로 중립적이지 않다. 특히 자본주의 사회에서 기술은 이윤을 발생시키는 방향으로 발전하며 이윤이 발생하지 않는 기술은 버려진다. 이윤이 주도하는 기술 진보profit-driven technological advances가 이뤄지는 것이다 (Benanav, 2020). 작업 현장의 노동과 자본의 관계에서 보면, 기술이 실제 업무를 수행하는 노동자들에게 권한을 부여하는 방향으로 발전하지는 않는다. 그와 반대로 기술은 자본의 노동과정에 대한 지배를 확립하는 방식으로 적용된다. 따라서 이윤 중심 기술, 이윤 주도의 기술 진보를 새로운 해방적 목적으로 변화시킬 필요가 있다는 논의가 제기된다. 자본주의 이윤이 아니라 인간의 필요에 기반해 기술이 작동하도록 기술을 통제할 필요가 있다는 주장이다.

이와 관련하여 콜 등은 디지털 기술에 대한 '인간 통솔' human-in-command의 원리를 제기한다(Cole, Radice and Umney, 2020). 인간의 노동에 영향을 미치는 기술에 대한 최종 결정은 인간이 내려야 하며, 자본주의적 이윤이 아니라 인간의 필요에 기반해 기술이 작동해야 한다. 기술에 대한 인간의 통제를 유지하는 가운데 이윤이 아니라 자유시간 극대화 원리에 따라 기술 개발이 이뤄져야 한다고 주장한다.

자본주의 사회에서 기술에 대한 인간 통제는 기술 대기업에 대한 통제로 연결된다. 인터넷이 정보 공유와 소통을 위해 사용되면 권력의 탈집중화에 도움이 된다. 그러나 플랫폼 기업이나 기술 대기업이 모든 데이터를 모아 활용하게 되면, 그러한 대량의 데이터를 수집할 수 있는 소수 대기업에 엄청난 권력이 집중된다(손화철, 2017). 디지털 기술이 인간의 일자리를 대체할 것이라는 점을 지적했던 대니얼 서스킨드는 최근의 저서에서 갈수록 기술기업이 경제에서 거의 전 분야를 주무르고 있다고 지적한다. 디지털 시대의 핵심 자원인 "어마어마한 양적 데이터, 세계 최고의 소프트웨어, 강력하기 그지없는 하드웨어, 이 세 가지에 드는 돈을 한꺼번에 감당할 수 있는 곳은 대기업뿐이다"(Susskind, 2020/ 국역본 278~298쪽).

따라서 자본주의 사회에서 기술에 대한 인간의 통제를 실현하기 위해서는 기술 대기업이나 자본의 무분별한 이윤 추구에 대한 통제가 필요하다. 이는 사실 현실의 자본주의를 넘어서는 일이 된다.

탈노동 사회?

자본주의 사회를 넘어서는 미래사회에 대한 담론 중의 하나는 이른바 '탈노동 사회'의 전망이다. 이러한 논의는 우선 현대사회에 등장한 노동에 대한 적극적 의미, 다시 말해 노동이 인간으로 하여금 삶의 의미를 획득히고 자아실현을 할 수 있도록 해주는 주요 기제라는 사실을 부정한다. 전술했듯이 자본주의 이전 사회에서 노동은 찬미의 대상이 되지 못했다. 노동은 비정상적인 것, 경멸스러운 것, 따라서 가능하면 줄이고 피해야 할 것으로 인식되었다.

그러나 자본주의가 등장하면서 노동의 의미는 변화했다. 즉 자본주의 사회에서 임금노동이 등장하면서 "생산적 활동은 그 의미, 동기, 대상과 단절되고 임금을 버는 수단에 불과해졌다." 그에 따라 "일을 위한 시간과 삶을 위한 시간이 분리되었다"(Gorz, 1989: 21-22). 이런 의미에서 임금노동은 강제적 성격의 노동이며, 따라서 임금노동이 필요 노동의 영역에서 차지하는 비중은 최소화되어야 한다(강내희, 1999: 25). 노동시간 단축은 바로 이러한 맥락에서 제기된다. 노동시간이 단축되면 자연스럽게 자유시간의 확대로 이어지고, 노동을 벗어난 자유로운 시간은 곧 '삶을 위한 활동', '문화적 활동'에 투자될 수 있으며, 이를 통해 인간의 삶을 풍요롭게 할 수 있기 때문이다.

한편 오늘날 디지털 기술의 발전으로 말미암아 인간의 노동이 줄어들 가능성이 높아졌다. 즉 기술 발전과 생산성 향상으로 인해 과거보다 필요 노동량 자체가 줄어들었다는 것이다. 이러한 조건에서 이제 탈노동 사회의 시각에서는 노동시간 단축과 여가의 확대를 통해 생산성 향상분을 모든 사람이 공유할 필요가 있다고 본다.

임금 중심 사회를 개념화한 프랑스의 철학자 앙드레 고르는 20세기 말 고용 불안정과 임금노동에 기반한 정체성 상실 등이 발생하면서 자본주의 황금기에 형성된 임금 중심 사회가 소멸하고 있다고 진단한다. 그에 따르면 사회적 생산은 갈수록 노동을 덜 요구하고 있기에 고용이 불안정하고 임금노동에 근거한 사회적 정체성도 사라지고 있는 가운데, 이제 노동은 단지 환영적phantom 중심성을 유지하고 있을 뿐이다. 따라서 그는 탈노동의 입장에서 노동 중심이 아닌 다양한 활동multi-activity에 근거한 사회를 대안으로 제시한다. 노동 중심성을 버리고 탈노동의 입장에서 자유로운 다양한 활동을 활성화하는 사회를 기획하고 준비해야 한다는 것이다.

탈노동 사회에 대한 시각은 최근 기술 발전의 잠재력을 충분히 활용하기 위해 자본주의 사회를 넘어서야 한다는 가속주의acceleratism의 논의에서도 찾아볼 수 있다(Srnicek and Williams, 2015; Mackay and Avanessian, 2014). 이에 따르면, 오늘날 자본주의 사회에서 이윤 확보를 위한 경쟁은 기술의 발전을 가져왔다. 자본주의의 발전 속도가 급속한 기술 발전을 가능하게 했다는 것이다. 그러나 여기에서 기술 발전은 자본주의적 질서에 엄격히 제약된다. 따라서 가속주의 정치를 통해 자본주의적 사회관계를 벗어난 사회, 이른바 '탈자본주의' 사회를 지향해야 한다고 본다. 다시 말해 자본주의 사회에서 발전한 기술의 잠재력을 자본의 이윤이 아니라 인간과 자연의 해방이라는 공통의 목표로 전유하기 위해서는 탈자본주의를 지향해야 한다는 것이다. 이런 맥락에서 이들은 탈노동 사회를 잠정적 대안으로 제시한다. 그것은 자본주의 사회에서 발전한 과학기술의 잠재력을 노동해방을 위해 사용하는 세계를 말한다. 이러한 중장기 목표 아래 이들은 완전 자동화, 노동시간 단축, 기본소득의 지급, 자본주의적 노동윤리의 폐기라는 최소한의 목표를 설정한다.

그런데 탈노동 사회에 대한 논의가 주장하듯이 임금 중심 사회가 소멸하는 이유를 사회적 생산 발달로 일자리가 줄고 사람들이 더는 노동하지 않아서, 나아가 자본의 잉여가치를 낳는 노동을 적게 해서, 또는 고용이 불안정하고 노동에 근거한 사회적 정체성이 희박해졌기 때문이라고 볼 수는 없다. 노동의 탈경계화가 함의하는 것은 임금노동으로 대표되는 자본에 종속된 노동이 줄었다기보다는 그러한 노동이 취해 온 임금노동, 고용이라는 제도적 형식이 모호해지는 현상이다. 그럼으로써 고용에 따르는 사회적 권리인 노동권이 해체되거나 그로부터 배제되는 노동이 확대되고 있다. 동시에 한편에서는 자영업자가 기존의 임금노동자와 유사해지는 등 자본의 지배 영역은 오히려 확대되는 현상도 나타나고 있다. 즉 자본에 종속된, 잉여가치를 낳는 노동이 줄어든 것이 아니라, 그러한 노동에 근거해 부여받던 자본주의 사회에서 제도화된 노동권으로부터의 배제, 노동권의 약화가 진행되고 있는 것이다. 이런 점에서 오늘날 나타나는 노동의 탈경계화는 노동의 종말 혹은 탈노동 사회라기보다는 오히려 노동의 불안정성이 심화되는 현상으로 이해하는 것이 보다 정확한 진단일 것이다.

자본주의 임금 중심 사회의 위기

노동의 탈경계화가 진행되고 노동자로서의 정체성이 약화되는 지금의 상황은 노동의 투쟁과 타협을 통해 형성되어 온 임금 중심 사회의 위기를 보여준다.[12] 전술했듯이 노동권의 관점에서 현대 자본주의 역사는 노동권의 획득을 위한 노동의 투쟁과 그것을 축소 및 우회하려는 자본의 대응이 교차하는 '노동권의 정치'를 통해서 설명할 수 있다(김철식, 2024). 20세기 들어 두 차례의 세계대전과 1930년대 대공황을 거치면서 노자 간 타협을 통해 노동의 권리를 제도화함으로써 임금 중심 사회가 형성되었다. 한국 사회는 20세기 후반 노동운동의 투쟁을 통해 노동권이 마련되어 왔다. 임금노동자는 자신의 임금노동자의 지위에 근거해 근로기준법을 통한 개별적 노사관계의 권리와 노동3권을 통한 집단적 노사관계의 권리를 '실질적으로' 인정받았다. 1987년 이후 국민연금, 산재보험, 의료보험, 고용보험 등이 제정 혹은 개정되면서 대기업과 공공부문에서 중소기업으로 점차적으로 적용 범위가 확대되었고, 그 과정에서 주로 고용된 임금노동자를 중심으로 사회보험 제도가 설계되고 적용되었다. 이렇

---

12. 필자가 이 책에서 '임금 중심 사회'라는 고르의 개념을 빌어왔지만, 이 책에서 말하는 임금 중심 사회의 '위기'는 고르가 논의하는 임금 중심 사회의 '소멸' 혹은 '죽음'과 다른 의미를 지닌다. 오늘날 임금 중심 사회의 위기는 고르가 말하듯 기술 발전으로 일자리가 줄어서, 혹은 이전처럼 많이 일하지 않아도 되어서, 임금노동의 중심성이 소멸하고 있기 때문이 아니다. 오늘날 임금 중심 사회의 위기는 임금노동으로 대표되는 자본에 종속된 노동이 줄었다기보다는, 그러한 노동이 취해온 임금노동, 고용이라는 제도적 형식이 모호해지고, 그로 인해 고용에 근거해 부여되던 사회적 권리인 노동권이 해체되고 있는 현실에 주목한다.

게 임금노동이라는 지위에 근거해 노동의 권리와 보호 기제가 작동하면서 한국 사회에서도 1990년대 이후 임금 중심 사회가 형성되어 왔다고 볼 수 있다.

그러나 오늘날 임금 중심 사회가 위기에 놓여 있다. 고용이 파편화되고 다양한 불안정 노동이 확산되면서 임금 중심 사회의 기반이 되는 노동자, 즉 제도적으로 노동권을 보호받을 수 있는 임금노동자층이 줄어들고 있다. 민주노조 운동이 투쟁을 통해 획득해 온 노동의 권리는 소수 귀족노동자의 특권으로 비난받으며, 노동운동은 사회적으로 고립되고 있다. 노동의 탈경계화가 진행되면서 임금노동을 근거로 권리를 부여하던 사회적 틀이 흔들리고 있는 것이다.

임금 중심 사회에서 임금노동의 형식이 모호해지면, 많은 노동자가 임금노동과 결부되어 왔던 사회적 보호망에서 배제되면서 생존의 위험에 몰리게 되는 심각한 문제에 직면할 수 있다. 실제로 코로나19 팬데믹을 경험하면서 고용이 명확하지 않은 상당수의 노동자가 제도적 보호의 '사각지대'에 놓이게 되면서 생존의 위험에 내몰리게 된 상황이 초래된 바 있다. 한편 고용 형식이 모호한 노동자들에게 노동권을 부여할 때 '노동자성' 인정 여부가 관건이 되면서 이

를 둘러싼 공방이 노동자 권리투쟁의 중요 현안으로 자리
잡게 되었다. 이러한 현상은 고용된 임금노동의 형식이 모
호해진, 탈경계화된 오늘날 노동의 특징을 잘 보여준다.

노동권 개념의 확장을 위하여

　노동시장 유연화에 따라 노동이 불안정화되고 노동권
과 사회적 보호로부터 제외되는 노동자들이 늘어나면서 갈
수록 임금노동으로 먹고살기가 힘들어졌다. 자본주의 임금
노동 관계에 근거한 사회 조직화와 운영이 점차 어려워지는
상황이 전개되고 있다. 따라서 임금 중심 사회의 틀, 임금노
동에 절대적으로 의존하면서 생활해야 하는 지금의 사회적
틀에 대해 근본적으로 다시 생각해볼 필요가 있다.
　임금 중심 사회에서는 생존과 사회적 삶을 위해 반드시
취업해서 임금노동을 수행해야 한다. 그러나 오늘날과 같이
임금노동의 형식을 띠는 일자리가 줄어드는 상황에서는 임
금노동에 의존해 생존과 인간다운 삶을 영위하기가 갈수록
어려워질 수밖에 없다. 그렇다면 임금노동에 대한 의존을 줄

이면서도 인간다운 삶을 영위할 수 있는 방향으로 대안을 모색하고 제도를 구상해야 하지 않을까? 과도한 임금노동의 부담을 줄이기 위한 노동시간의 단축, 고용된 임금노동자 여부와 관계없이 그리고 어떤 일을 하더라도 인간다운 생활을 영위할 수 있는 수준의 적정한 임금의 확보, 임금노동을 하지 못하더라도 생활을 영위할 수 있도록 돕는 사회적 생활보장제도 등이 추구되어야 할 과제가 아닐까?

이러한 과제는 노동권 개념의 확장과 재구성을 필요로 한다. 무엇보다도 임금노동을 중심으로 형성된 노동권과 사회적 제도가 한계를 노정하는 탈경계화 시대에 이제 새로운 노동권의 확장을 모색할 필요가 있다. 탈경계화 시대에 새롭게 출현하는 노동층이 이른바 '노동자성'의 인정, 즉 임금노동자로 인정받아 기존 노동권의 적용을 받도록 노력하는 것을 넘어, 이제 임금노동 여부와 관계없이 모든 노동하는 사람들에게 적용될 수 있도록 노동권을 확장할 필요가 있는 것이다.

다시 한번 강조하지만, 임금 중심 사회의 질서가 위기에 빠진 상황에서는 기존의 임금노동을 중심으로 구성된, 고용이나 노동시간, 사용자에 대한 종속성에 근거해왔던 기존 노동권을 재구성할 필요가 있다. 새로운 노동권을 사고하고 그에 걸맞는 새로운 생산과 노동, 복지의 틀을 모색하는 작업이 요청된다.

참고문헌

강내희. 1999. "노동거부와 문화사회의 건설." 『문화과학』 20: 15~44.

권영숙. 2020. "한국 노동권의 현실과 역사: '노동존중'과 노동인권에서 노동의 시민
권으로." 『산업노동연구』 26(1): 217~269.

공정거래위원회. 2024. "2023년 가맹사업 현황 통계 발표." (2024.4.8).

김도균. 2018. 『한국 복지자본주의의 역사: 자산기반복지의 형성과 변화』. 서울대학
교출판문화원.

김동수. 2020. 『유령들: 어느 대학 청소노동자 이야기』. 삶창.

김명수. 2020. "가계금융화의 굴절과 금융 불평등: 한국 가계의 금융통합 양상에 관
한 경험적 고찰." 『한국사회학』 54(1): 139~179.

김성윤. 2017. "플랫폼, 또는 본격 신자유주의." 『IDI 도시연구』 12: 351~359.

김철식. 2011. 『대기업 성장과 노동의 불안정화: 한국 자동차산업의 생산방식, 가치
사슬, 고용관계 분석』. 백산서당.

김철식. 2015. "표준화에 근거한 사업모델과 자영업자의 자본-노동관계로의 포섭:
프랜차이즈 편의점을 중심으로." 『경제와 사회』 105: 170~200.

김철식. 2018. "프랜차이즈 사업의 중층적 고용관계와 비용전가 연쇄: 편의점 사례
를 중심으로." 『한국사회학』 52(3): 165~205.

김철식. 2024. "노동권의 정치와 임금중심 사회의 위기." 『경제와 사회』 142: 31~56.

김철식·조형제·정준호. 2011. "모듈생산과 현대차 생산방식: 현대모비스를 중심으로." 『경제와 사회』 92: 351~385.

김철식·김동현·김두나·김혜진·문은영·장귀연·전주희·제갈현숙. 2021. 『생활물류센터 종사자 노동인권상황 실태조사』. 국가인권위원회.

김철식·김준희. 2016. "부유하는 노동자: 시흥시 정왕동 1인 가구 노동자들의 노동과 생활세계." 『산업노동연구』 22(1): 265~305.

김철식·오중산. 2017. "한국형 초국적 기업 해외생산 특성 분석: 현대자동차 중부유럽 동반진출 부품업체들을 중심으로." 『한국사회학』 51(1): 129~154.

박상현. 2012. 『신자유주의와 현대 자본주의 국가의 변화: 세계 헤게모니 국가 미국을 중심으로』. 백산서당.

손화철. 2017. "4차산업혁명과 노동의 자리: 러다이트 운동의 교훈." 손화철·이광석·이정모·이정엽·임태훈·장은수·한기호. 『4차산업혁명이라는 거짓말: 과도한 열풍을 바라보는 여러 가지 시선』. 북바이북.

송성수 편저. 1999. 『과학 기술은 사회적으로 어떻게 구성되는가: 자전거, 형광등, 미사일, 전기자동차, 항공기의 일생을 통해서 본 현대사회』. 새물결.

오브나스, 플로랑스 저. 윤인숙 역. 2010. 『위스트르앙 부두: 우리 시대 '투명인간'에 대한 180일간의 르포르타주』. 현실문화.

오재훤. 2017. "모노즈쿠리 관점에서 본 일본 콘비니엔스 스토아 시스템의 경쟁력: 豫備 的考察." 第14回日本的ものづくり論A(流通) (2017.8.16.).

윤종희. 2015. 『현대의 경계에서: 역사과학에서 조명한 현대 세계사 강의』. 생각의힘.

이광석. 2017. "4차산업혁명과 시민 테크놀로지적 전망." 손화철·이광석·이정모·

이정엽·임태훈·장은수·한기호. 『4차산업혁명이라는 거짓말: 과도한 열풍을 바라보는 여러 가지 시선』. 북바이북.

이재열. 1998. "이태리 에밀리아형 생산방식의 사회적 기원." 『한국사회학평론』 4: 1~24.

이주희·정성진·안민영·유은경. 2015. "모호한 고용관계의 한국적 특성 및 전망." 『동향과 전망』·95: 252~289.

이찬근. 2008. "글로벌 금융화와 민주주의의 과제." 투기자본 감시센터 주최 2008 한국사회포럼 '투기자본과 민주주의' 발표문(2008.8.29).

자율평론 편. 2005. 『비물질노동과 다중』. 갈무리.

장귀연. 2015. "자본의 노동 포섭 형태 변화와 자영노동의 실질적 종속." 『경제와 사회』 107: 79~106.

장귀연. 2020. "노동유연화로서 플랫폼노동의 노동조직 과정과 특성." 『산업노동 연구』 26(2): 183~223.

전국불안정노동철폐연대 편. 2021. 『모두를 위한 노동교과서: 노동, 노동자, 노동권을 이해하는 첫걸음』. 오월의 봄.

조형제·김철식. 2013. "모듈화를 통한 부품업체 관계의 변화: 현대자동차의 사례." 『한국사회학』 47(1): 149~184.

차유미. 2020. 『대기업 자동차정비 프랜차이즈 지배구조와 가맹점주의 종속성에 관한 연구: SK네트웍스(주)의 스피드메이트와 현대자동차(주)의 블루핸즈 사례연구』. 전북대학교 대학원 박사학위논문.

하대청. 2018. "루프 속의 프레카리아트: 인공지능 속 인간 노동과 기술정치." 『경제와 사회』 118: 277~305.

홍기빈. 2017. "부가가치, 초연결성, 사회 혁신: 경제학의 관점에서 본 4차 산업혁명론 비판." 홍성욱 편. 『4차 산업혁명이라는 유령: 우리는 왜 4차 산업혁명에 열광하는가』. 휴머니스트.

Arrighi, Giovanni. 1994. *The Long Twentieth Century: Money, Power, and the Origins of Our Times*. Verso (국역: 조반니 아리기 저. 백승욱 역. 2008. 『장기 20세기: 화폐, 권력, 그리고 우리 시대의 기원』. 그린비).

Bauman, Zygmunt. 2004. *Work, Consumerism and the New Poor*. Open University Press. (국역: 안규남 역. 2019. 『왜 우리는 계속 가난한가: 실업에서 잉여로, 새로운 빈곤층의 탄생』. 동녘).

Benanav, Aaron. 2020. *Automation and the Future of Work*. London and New York: Verso (국역: 아론 베나나브 저. 윤종은 역. 2022. 『자동화와 노동의 미래: 탈희소성 사회는 어떻게 실현되는가?』. 책세상).

Berg, Janine, Marianne Furrer, Ellie Harmon, Uma Rani, and M Six Silberman. 2018. *Digital Labour Platforms and the Future of Work: Towards Decent Work in the Online World*. ILO.

Bijker, Wiebe E., Thomas P. Hughes, and Trevor J. Pinch (eds.). 1987. *The Social Construction of Technological Systems: New Directions in the Sociology and History of Technology*. MIT Press.

Braverman, Harry. 1974. *Labor and Monopoly Capital: The Degradation of Work in the Twentieth Century*. New York: Monthly Review (국역: 브레이버만 저. 이한주·강남훈 역. 1989. 『노동과 독점자본: 20세기에서의 노동의 쇠퇴』. 까치).

Brynjolfsson, Erik and Andrew McAfee. 2014. *The Second Machine Age: Work,*

Progress, and Prosperity in a Time of Brilliant Technologies. W. W. Norton
& Company (국역: 에릭 브린욜프슨·앤드루 맥아피 저. 이한음 역. 2014. 『제2의 기계
시대』 청림출판).

Brynjolfsson, Erik, and Andrew McAfee. 2011. *Race against the Machine:
How the Digital Revolution is Accelerating Innovation, Driving Productivity,
and Irreversibly Transforming Employment and the Economy* (국역: 에릭 브
린욜프슨·앤드루 맥아피 저. 정지훈·류현정 역. 2013. 『기계와의 경쟁: 진화하는 기술, 사
라지는 일자리, 인간의 미래는?』 틔움출판).

Chandler, Alfred D. Jr. 1990. *Scale and Scope: The Dynamics of Industrial
Capitalism*. Cambridge: Harvard University Press.

Cole, Matthew, Hugo Radice, and Charles Umney. 2020. "The Political Economy
of Datafication and Work: A New Digital Taylorism?" *Socialist Register*
2021: 78-99. (*Beyond Digital Capitalism: New Ways of Living*. edited by Leo Panitch
and Greg Albo).

Ford, Martin. 2016. *The Rise of the Robots: Technology and the Threat of Mass
Unemployment*. Oneworld Publications (국역: 마틴 포드 저. 이창희 역. 2017. 『로
봇의 부상: 인공지능의 진화와 미래의 실직 위협』 세종서적).

Frey, Carl Benedikt, and Michael A. Osborne. 2015. "Technology at Work: The Future
of Innovation and Employment." Citi GPS Report.

Frey, Carl Benedikt, and Michael A. Osborne. 2017. "The Future of Employment:
How Susceptible are Jobs to Computerisation?" *Technological Forecasting
& Social Change* 114: 254-280.

Freyssenet, Michel. (ed.). 2009. *The Second Automobile Revolution: Trajectories of the World Carmakers in the 21 Century*. Hampshire: Palgrave Macmillan.

Fujimoto, T. 2019. "Balancing global network power and local/asset knowledge." Gerpisa International Colloquium. Paris.

Gorz, Andre. 1989. *Critique of Economic Reason*. London and New York: Verso (Translated by gillian Handyside and Chris Truner)

Gorz, André. 1997. *Misères du Présent: Richesse du Possible*. Editions Galilée (Translated by Chris Turner. 1999. *Reclaiming Work: Beyond the Wage-Based Society*. Polity Press).

Gray, M. L. and S. Suri. 2019. *Ghost Work: How to Stop Silicon Valley from Building a New Global Underclass*. Boston: Houghton Mifflin Harcourt (국역: 메리 그레이, 시다스 수리 저. 신동숙 역. 2019. 『고스트워크: 긱과 온디맨드 경제가 만드는 새로운 일의 탄생』. 한스미디어).

Hardt, Michael. 1999. "Affective Labor." *Boundary* 2 26(2): 89-100 (국역: 마이클 하트 저. 자율평론 번역모임 역. "정동적 노동." 자율평론 편. 2005. 『비물질노동과 다중』. 갈무리).

Hirst, Paul, and Jonathan Zeitlin. 1997. "Flexible Specialization: Theory and Evidence in the Analysis of Industrial Change." in J. R. Hollingworth et al. (eds.). *Contemporary Capitalism: The Embeddedness of Institutions*. Cambridge University Press.

ILO. 2016. *Non-Standard Employment around the World: Understanding Challenges, Shaping Prospects*. Geneva.

Jo, Hyung Je, Jun Ho Jeong and Chulsik Kim. 2023. *Agile Against Lean: An Inquiry into the Production System of Hyundai Motor*. Singapore: Palgrave macmillan.

Kenney, Martin, and Richard Florida. 1993. *Beyond Mass Production: The Japanese System and its Transfer to the U.S*. New York: Oxford University Press.

Lazzarato, Maurizio. 1996. "Immaterial Labor," in Paolo Virno and Michael Hardt (eds.). *Radical Thought in Italy: A Potential Politics*. Minneapolis and London: University of Minnesota Press (국역: 마우리찌오 랏짜라또 저. 조정환 역. "비물질노동." 자율평론 편. 2005. 『비물질노동과 다중』 갈무리).

Lipietz, Alain. 1987. *Mirages and Miracles: The Crises of Global Fordism*. London: Verso (국역: 리피에츠 저. 김종한·엄창옥·이태왕 역. 1990. 『기적과 환상』. 한울).

Locke, John. 1690. *Two Treatises of Government* (국역: 존 로크 저. 강정인·문지영 역. 1996. 『통치론: 시민정부의 참된 기원, 범위 및 그 목적에 관한 시론』. 까치).

MacDuffie, John. 2013. "Modularity-as-Property, Modularization-as-Process, and Modularity-as-Frame: Lessons from Product Architecture Initiatives in the Global Automotive Industry." *Global Strategy Journal* 3: 8-40.

Mackay, Robin, and Armen Avanessian (eds.). 2014. *#Accelerate: The Accelerationist Reader*. Falmouth: Urbanomic (국역: 로빈 맥케이·아르멘 아바네시안 편. 김효진 역. 2023. 『#가속하라: 가속주의자 독본』. 갈무리).

Marglin, Stephen A., and Juliet B. Schor (eds.). 1991. *The Golden Age of Capitalism: Reinterpreting the Postwar Experience*. Oxford: Clarendon Press.

Marx, Karl. 1867. *Das Kapital: Kritik der Politischen Öekonomie* I . Verlag von Otto

Meisner (국역: 카를 마르크스 저, 강신준 역. 2008. 『자본』 I-1, I-2. 도서출판 길).

Montgomery, David. 1979. *Workers' Control in America: Studies in the History of Work, Technology, and Labor Struggles*. Cambridge University Press.

Noble, David F. 1979. "Social Choice in Machine Design : The Case of Automatically Controlled Machine Tools." in Andrew Zimbalist (ed.). *Case Studies on the Labor Process*. London and New York: Monthly Review Press.

Piore, Michael J. and Charles F. Sabel. 1984. *The Second Industrial Divide: Possibilities for Prosperity*. New York: Basic Books.

Rubery, Jill, Jill Earnshaw, and Mick Marchington. 2005. "Blurring the Boundaries to the Employment Relationship: From Single to Multi-Employer Relationships." in Mick Marchington, Damian Grimshaw, Jill Rubery, and Hugh Willmott (eds.). *Fragmenting Work: Blurring Organizational Boundaries and Disordering Hierarchies*. Oxford: Oxford University Press.

Schumann, Michael, Volker Baethge-Kinsky, Martin Kuhlmann, Constanze Kurz, & Uwe Neumann. 1995. "New Production Concepts and the Restructuring of Work." in Wolfgang Littek & Tony Charles (eds.). *The New Division of Labour: Emerging Forms of Work Organization in International Perspective*. Berlin & New York: Walter de Gruyter.

Schumann, Michael. 1998. "New Concepts of Production and Productivity." *Economic and Industrial Democracy* 19(1): 17-32.

Smith, Adam. 1776. *An Inquiry into the Nature and Causes of the Wealth of Nations* I. London: Methuen & Co., Ltd. (국역: 애덤 스미스 저. 유인호 역. 2016. 『국부론』

Ⅰ. 동서문화사).

Spencer, David. 2017. "Work in and beyond the Second Machine Age: The Politics of Production and Digital Technologies." *Work, Employment and Society* 31(1): 142-152.

Srnicek, Nick, and Alex Williams. 2015. Inventing the Future: *Postcapitalism and a World without Work*. Verso.

Srnicek, Nick. 2017. *Platform Capitalism*. Polity (국역: 닉 서르닉 저. 심성보 역. 2000. 『플랫폼 자본주의』. 서울: 킹콩북).

Susskind, Daniel. 2020. *A World without Work: Technology, Automation, and How We Should Respond.* Metropolitan Books (국역: 대니얼 서스킨드 저. 김정아 역. 2020. 『노동의 시대는 끝났다: 기술 빅뱅이 뒤바꿀 일의 표준과 기회』 와이즈베리).

Susskind, Richard and Daniel Susskind. 2015. *The Future of the Professions: How Technology Will Transform the Work of Human Experts.* Oxford University Press (국역: 리처드 서스킨드·대니얼 서스킨드 저. 위대선 역. 2016. 『4차 산업혁명 시대, 전문직의 미래』 와이즈베리).

Taylor, Frederick Winslow. 1911. *The Principles of Scientific Management.* Harper & Brothers Publishers (국역: 박진우 역. 1994. 『과학적 관리의 원칙』 박영사).

Tompkins, Adam. 2016. *Ghostworkers nad Greens: The Cooperative Campaigns of Farmworkers and Environmentalists for Pesticide Reform.* Ithaca and London: ILR Press.

Wajcman, Judy. 2017. "Automation: Is It Really Different This Time?" *The British Journal of Sociology* 68(1): 119-127.

Weber, Max. 1920. *Die Protestantische Ethik und der 'Geist' des Kapitalismus* (국역: 막스 베버 저. 박성수 역. 2021. 『프로테스탄티즘의 윤리와 자본주의 정신』. 문예출판사).

Womack, James P., Daniel T. Jones, and Daniel Roos. 1990. *The Machine that Changed the World.* New York: HarperPerennial (국역: 워맥·죤스·루스 저. 현영석 역. 1991. 『생산방식의 혁명』. 기아경제연구소).

Zieger, Robert. H. 1994. *American Workers, American Unions* (2nd ed.). The Johns Hopkins University Press.

포스텍 융합문명연구원
문명과 담론 총서 01

경계에 선 노동
- 디지털 자본주의와 새로운 노동권의 모색

발행일   2025년 2월 7일 1판 1쇄
지은이   김철식
펴낸이   김일수
펴낸곳   파이돈
출판등록   제349-99-01330호
주 소   03035 서울시 종로구 자하문로17길 12-10 2층
전자우편   phaidonbook@gmail.com
전 화   070-8983-7652
팩 스   0504-053-5433

ISBN   979-11-985619-9-2 (93300)

ⓒ 김철식, 2025

책값은 뒤표지에 있습니다.

본 저서는 2024년도 포스텍 융합문명연구원의 지원을 받아 제작되었음.
This book published here was supported by the POSTECH Research Institute for
Convergence Civilization (RICC) in 2024.